A MAGYAR MŰVELŐDÉS

A XV. SZÁZADBAN

ANTONIO BONFINI RERUM HUNGARICARUM DECADES-ÉNEK ALAPJÁN

BÖLCSÉSZETDOKTORI ÉRTEKEZÉS

IRTA

CSÁSZÁR MIHÁLY

BUDAPEST
A STEPHANEUM NYOMÁSA
1902

ELŐSZÓ.

A budapesti királyi magyar tudományegyetem böl-
csészettudományi kara az 1900/901. tanévben a következő
pályatételt tűzte ki: «Bonfinius ,Rerum Hungaricarum
Decades' czímű munkájának feldolgozása művelődés-
történelmi tekintetben, kiterjeszkedve a kútfő általános
szempontjaira — a szerző személyiségére, a mű forrásaira,
hitelességére — is». A bölcsészettudományi kar, a birálók,
Békefi Remig dr. és *Marczali Henrik dr.* egyet. ny. r.
tanár urak jelentése után, a beérkezett pályamunkát juta-
lomra méltónak itélte. Ez a körülmény a szerzőt arra
indította, hogy művét a biráló tanár urak észrevételei
alapján gyökeresen átdolgozva közrebocsássa s a magyar
művelődéstörténelem irodalmához tehetsége szerint maga
is hozzájáruljon.

Eljárásom a mű megalkotásánál a következő volt:
Kikutattam s tartalmilag fejezetenként csoportosítottam
mind azt az anyagot, a mit Bonfini művében a magyar
művelődésre vonatkozólag találtam. Minden egyes adatnál
utána jártam, honnan meríti azt a szerző, hogy így a forrás
hitelessége magának a szerzőnek megbizhatóságát esetről-
esetre ellenőrizze. A hol a közvetlen forrást megtalálni
nem lehetett, vagy a hol a szerző nyilván nem írott for-
rások után dolgozik, az egykorú vagy közel egykorú

források megfelelő adataira utalok, hogy szerzőnk hitelessége kitünjék. Ugyanezen czélból hivatkozom a tárgyat érintő újabb irodalmi feldolgozásokra is.

A kép természetesen, a mely egyetlen szerző munkája alapján művelődésünk történetének egyes fejezeteiről elénkbe tárul, nem lehet teljes és kimerítő. Mégis szerzőnk műve oly sok oldalról világítja meg különösen Hunyadi Mátyás korabeli művelődésünket, hogy önálló, külön feldolgozása a maga egészében nagyon tanúlságos.

Végül nem mulaszthatom el, hogy e helyen is legmélyebb köszönetemet ne nyilvánítsam nagys. *Békefi Remig dr.* egyet. ny. r. tanár úrnak, a ki mindenha szíves mesterem volt.

Budapest, 1902. évi május hó 1-én.

Császár Mihály.

TARTALOM.

ANTONIO BONFINI ÉLETE ÉS MŰVEI.

A MAGYAR MŰVELŐDÉS A XV. SZÁZADBAN A «RERUM HUNGARICARUM DECADES» ALAPJÁN.

I. FEJEZET: A FÖLD ÉS NÉPE.

II. FEJEZET: IPAR, IPARMŰVÉSZET ÉS KERESKEDELEM.

ANTONIO BONFINI ÉLETE ÉS MŰVEI.

ANTONIO BONFINI ÉLETE ÉS MŰVEI.

Mátyás gondoskodása hírnevének megörökítéséről. Antonio Bonfini szárma-
zása. Tanítása Páduában, főiskolai rectorsága Recanatiban. Mátyás udvarába
jön. Megbízást nyer a magyar történelem megírására. Állása II. Ulászló
udvarában. Hazakészül Olaszországba. Hirtelen halála. *Művei.* Fordításai
görögből és olaszból latin nyelvre. Eredeti művei: költői, szónoki és értekező
művei. Történelmi művei. A «*Rerum Hungaricarum Decades*» általános jel-
lemzése. A szerző vallásos és politikai nézetei. A humanista történetírás.
A Decades rövid tartalmi áttekintése. Forrásai: a hazai és idegen kútfők.
A kritika hiánya. Chronologiája és genealogiája. Előadásának művészete.
Nyelvezete. Kéziratának sorsa. Kiadásai. Fordításai és átdolgozása magyar
nyelvre. A Bonfinire vonatkozó irodalom áttekintése.

Mátyás nemzeti király létére teljesen átengedte magát annak
a hatalmas idegen szellemi áramlatnak, a melyet renaissance
néven ismer a művelődéstörténelem.

A középkori ember figyelmét szinte kizárólag a földöntúli
boldogság elnyerésének nagy gondolata köti le; a földi élet
gondjaival, élvezeteivel nem sokat gondol. A renaissance-ember
ellenben az ókor példáján megtanulja élvezni a jelent, a földi
életet; mindenképen kellemessé akarja varázsolni a földet; sőt
úgy tartja, hogy rövid az élet, azon igyekszik tehát, hogy a hír-
név, dicsőség és emlékezet szárnyán már a földön örök életet
biztosítson magának.

Mátyás sem éri be udvara pazar, de mulandó pompájával.
Úgy akarja, hogy lelkének, tetteinek és alkotásainak nagysága,
irodalmi emlékek révén, örökre emlékezetében maradjon az utó-
kornak. Az udvarába gyűlt, vagy udvarától távol álló olaszok
magasztaló énekei azonban vágyát be nem tölthetik, hanem egy-
séges nagy történelmi földolgozásban akarja a saját udvarának
és egyúttal nemzetének dicsőségét megörökíteni.

Az egykorú magyar humanisták legkitünőbbjeinek egyike, *Janus Pannonius* maga ajánlkozott Mátyásnak e föladat megoldására;[1] az 1471-iki összeesküvés azonban hirtelenül, erőszakosan véget szakított az ifjú főpap rendkívül fényesnek igérkező pályájának.

Vele együtt bukott *Vitéz János* esztergomi érsek is, pedig ha nem csalódunk, őt is csak az összeesküvésben való részessége gátolta meg nemzete történetének megírásában, a mire nagy tanultsága, fényes stilusa és a közügyek intézésében elsőrangú szerepe kiválóan alkalmassá tette volna.[2]

Báthori Miklós, Vácz kiváló tudományú püspöke, Mátyás udvarának gyakori vendége: *Galeotto Marzio* felé fordul most bizalmával. «Folyton ösztökélt — írja Galeotto — hogy írjam meg Mátyás király életét, hogy a nagy király cselekedetei, melyek hazájának dicsőségére váltak és hírt, nevet szereztek, feledékenységbe ne menjenek.»[3] Galeotto azonban nem volt hajlandó ily súlyos föladat megoldására. Másra hagyta a nagy király politikai és hadi sikereinek megörökítését, ő maga pedig arról írt, a mi neki jobban tetszett: «Mátyás király találó, bölcs és tréfás mondásairól és cselekedeteiről».

A függőben maradt nagy kérdés megoldására *Antonio Bonfini* vállalkozott.

Zajtalanul, komoly munkában telt el élete. Tisztelettel meghajol az egyházi, politikai és tudományos tekintélyek előtt; össze nem tűz senkivel, nem is szenved olyan üldözést, mint Galeotto, ki szakadatlan támadásaival már életében oly sok gondot adott tudós társainak s az egyházi hatóságoknak, halála után

---

[1] «Animabimur fortasse, ut deinceps iam non ad te, sed potius de te scribamus» (1467-ben, Plutarchos «De dictis regum et imperatorum» cz. művének latin fordításához írt előszavában). *Ábel* Jenő, Adalékok a humanismus történetéhez Magyarországon. Budapest, 1880. 32. l.

[2] Vitéz történelmi tudásáról Mátyás nevelőjének, Sanocki Gergelynek életírója, *Callimachus* jegyzett föl érdekes adatot: Vitéz váradi püspök korában egy alkalommal könyv nélkül, részletesen és folyékonyan előadta a magyarok történelmét az udvarába gyűlt idegen tudósok előtt. *Ábel,* Adalékok, 164. l. Livius-codexéről u. o. 166. Esztergomi palotájának ebédlőjét is a magyar királyok képei diszítették. (L. alább «*Tudomány és művészet*» cz. fejezetben.)

[3] De dictis et factis Matthiae regis, c. 31. *(Schwandtner,* Scriptores I. p. 292.)

pedig az irodalomtörténetíróknak, míg Bonfini sima folyású életének alig néhány emlékét találjuk följegyezve.

Az egyházállam egy jelentéktelen városkájában, *Ascoliban* született,[1] minden valószinűség szerint 1434-ben.[2] Szüleinek csupán neve maradt reánk: anyjának Spina della Rocca, atyjának Francesco di Achille Bonfini volt a neve.[3] Atyjának, ha classicus hangzású nevéből gyanítanunk szabad, volt hajlama a renaissance és a humanismus iránt s gyermekeit is e szellemben neveltette. Fiai közül kettő tüntette ki magát humanisticus tanulmányok révén: *Antonio* és öcscse, *Mattheo*, a ki Horatiushoz írt magyarázataival és néhány nyelvészeti művel örökítette meg nevét a humanismus történetében.[4] Antonio szülővárosának hires humanistájától, *Ascoli Henochtól* nyerte első tanítását. Hol folytatta, hol fejezte be tanulmányait, nem tudjuk. De csakhamar látjuk, mint sokoldalúan képzett paedagogust: *Páduában* előkelő ifjakat nevel és tanít, latin és görög nyelven kívül szónoklat- és költészettanra, zenére és tánczra is, és pedig az utóbbiakra oly nagy buzgalommal, hogy egyik tanítványának atyja, a hires humanista: Antonio Sabellico

---

[1] Maga írja: «Antonius Bonfinis civis Asculanus e Picenti agro...» «Rerum Hungaricarum Decades» *Sambucus (Zsámboky) János 1568-iki kiadásában* 659. lapon, IV. Decas, 7. könyv. A következőkben mindig a Sambucusféle kiadást idézzük, a rövidített jelzés: 659. IV. 7., így olvasandó: 659. lap. IV. Decas, 7. könyv; — és «Ciccus Asculanus, concivis meus». 352. II. 9.

[2] A vélemények 1427, 1434 és 1441 között ingadoznak. Leginkább megbízhatunk *Kemény* János gróf megállapításában, a ki (Új Magy. Muz. 1854, I. 250. l.) a *Breviculum Chronologium* Industria, Joannis a Rhenis de Monte Johannis (Coloniae, 1548. p. 195.) után 1434-re teszi. Kemény forrásainak szerzője Németországban írt, a hol, mint az alább fölsorolandó német fordítások igazolják, ép ez időben nagyon érdeklődtek Bonfini műve és személye iránt, sokkal jobban, mint magában Olaszországban, úgy hogy *Tiraboschi*, a ki Galeottóról nyolcz lapon át értekezik, Bonfiniről alig tud fél lapnyi adalékot összeszedni.

[3] *Carboni* (Memorie intorno i litterati e gli artisti della città di Ascoli nel Piceno. Ascoli, 1830.) adatai *Ábelnál*, Egyet. Philol. Közlöny, 1880. IV. 289. l.

[4] *Tiraboschi*, Storia della lett. Ital. VI. 2. p. 108. Rómában az ékesszólás tanára volt, majd több fejedelem titkára, végül titkár és tanár szülővárosában. Horatiushoz írt commentariusait többen *(Kemény* is 252. l.) tévesen bátyjának, Antoniónak tulajdonítják.

szemére is hányja, hogy fiát inkább a zenére és tánczra, mintsem a classicus nyelvekre s költészetre tanítja.[1] Mások azonban teljesen meg voltak elégedve működésével s hire folyton növekedőben volt. Így történt, hogy *Recanati* város meghívta akadémiájának igazgatóságára. (1473 ápr. 29.) Recanati a perugiai, római és anconai kereskedelmi forgalom közvetítésével nagy gazdagságra tett szert, a török elől ide menekült dalmaták, bosnyákok és albánok is emelték forgalmát. A város mindent megtett, hogy gazdagsága s lakossága növekedtének megfelelően főiskolája hirét-nevét is lehetőleg emelje. Az ajánlat fényes volt, de Bonfini még sem fogadta el. Úgy látszik, többet várt az élettől, mint hogy egy kis városba zárkózzék, míg humanista társai a legfényesebb fejedelmi udvaroknak is szivesen látott vendégei voltak. De már túl volt a negyvenen, beláthatta, hogy reményei meg nem valósulhatnak. Elfogadta tehát Recanati második meghivását (1476.), de egyelőre csak három esztendőre; s azután még kétszer, három-három évre újította meg szerződését. Latin és görög nyelvet és irodalmat, továbbá költészet- és szónoklattant kellett előadnia. Meg voltak elégedve vele, de ő úgy látszik nem titkolta, hogy fényesebb jövőért jelen állását szivesen elcserélné. Recanati város tanácsa azonban nem akarta elbocsájtani és a szerződés első megújításakor, 1479-ben 120 aranyforintra emelték föl tiszteletdíját, csakhogy el ne hagyja a várost. De sem anyagi helyzetének javulása, sem az általános tisztelet, melylyel körülvették, nem tudta többé marasztalni. Mind ennél ellenállhatatlanabbul vonzotta *Mátyás* király udvarának pompája.[2]

Nem tudjuk, kik irányították Mátyás király figyelmét a kisvárosi akadémiai rectorra s mily tárgyalások előzték meg és siettették az olasz tudós jövetelét. Csak azt látjuk Recanati jegyzőkönyvének kivonatából, hogy Bonfini 1486 szept. 1-én két havi szabadságot kért, hogy a magyar királyhoz mehessen és fölajánlhassa neki öt munkáját, a melyek — úgy mondta — magának Recanati városának is tisztességére és dicsőségére lesznek.

---

[1] Sabellico levelei *Keménynél*, i. m. 246. 1.

[2] Bonfini Recanati-beli működésének fönt adott részleteit csak legújabban ismerjük, mióta Recanati város levéltárának s jegyzőkönyveinek Monaldo Leopardi által készített kivonatait — a tárgyunkra vonatkozó részeket — *Beigel* István a *Századok* 1902. folyamának I. füzetében közzétette. (88—91. ll.)

A városi tanács erre nemcsak két, hanem három hónapi szabadságot adott neki s még utiköltségről is gondoskodott számára.[1] Mátyás király 1486 decz. 20-án Bécsbe vonult. «Pár nappal azelőtt — írja maga szerzőnk [2] — Antonio Bonfini, a picenumi Ascoli szülötte, Corvin Mátyás király hírnevétől indíttatva, Retzbe [3] érkezett. Ott találta a királyt és Beatrix királynét és több, nem rég kiadott munkáját ajánlotta föl nekik. Hármat ajánlott a királynak: *Hermogenesnek* és *Herodianusnak* fordítását görögből latin nyelvre, továbbá a «*Corvin-család eredetéről*» czímű kis kötetecskét. A királynénak kettőt ajánlott: az egyiknek «*A szüzességről és a házasságbeli szemérmetességről*», a másiknak «*Ascoli története*» a czíme. János herczegnek egy *epigrammagyüjteményt* ajánlott föl, élvezetes és kellemes előszóval, a mely a trónörökös oktatásáról értekezett. A király a táborban igen nagy érdeklődéssel olvasta el az említett könyveket; *csodálta a szerző tehetségét* és minthogy Bonfinit közelebbről még nem ismerte, újév napján (1487.) Bécsben az egész udvari nép és külföldi követek előtt beszédet mondatott vele és nagy figyelemmel hallgatta. Erre valamennyi művét előhozatta vele és szétosztatta a főurak és főpapok között, hogy olvassák. Mikor elbocsájtatását kérte, a király nem engedte távozni; sőt nagy tiszteletdíjjal szerződtette, hogy a felséges Beatrix királynénak fölolvasója legyen és tetszése szerint minél többet írjon. Meghagyta neki, hogy táborában is vele maradjon, pedig ez nem kedvező az írókra és bölcselkedőkre. Nem szivesen engedelmeskedett tehát; s hogy a tábor zajában s kellemetlenségei között se töltse az idejét haszontalan tétlenségben, az eléje adott *Philostratust* három hónap alatt latinra fordította, elsősorban a «*Nápolyi képeket*», azután a «*Sophisták életét*», majd a «*Leveleket*».

Csakhamar azonban nagyobb fontosságú dologgal bízta meg az ügyes humanistát a nagy király. Királyi palotájának csúcsíves volt a stilusa, tehát barbár stilus az ókor remekművein lelkesülő renaissance szemében és ezért Mátyás olasz mesterekkel külső és belső diszítésében a renaissance stilusában átalakíttatja

---

[1] *Beigel*, u. o. 90. l.
[2] 659. IV. 7.
[3] Alsó-Ausztriában.

a belső szerkezetében csúcsíves épületeit. Ugyanily barbár alkotásnak tekintették az ókor remekíróinak bámulatával eltelt humanisták a magyar nemzet történetét úgy, a mint azt krónikásaink — Thuróczi és a budai krónika szerzője épen Mátyás idejében! — megírták.

Kétségtelenül maga az ókori remekírók tanulmányán művelt izlésű nagy király is érezte, hogy még a legújabb keletű földolgozású nemzeti krónikáink sem felelnek meg a modern korszellem izlésének s nem követelhetnek helyet könyvtárában a görög és latin classicusok mellett, s a művelt külföldi olvasók kívánalmait egyáltalán nem elégíthetik ki; és a mi a legfontosabb, a nagy király uralkodásának második, ragyogóbb felére már nem terjeszkedtek ki. Megbízta tehát Bonfinit, a ki már Magyarországba érkezésekor a Corvin-család eredetéről szóló művével a király ügyes dicsérőjének bizonyult, írja meg részletes nagy történelmi földolgozásban az ő korának történetét, bevezetésül azonban dolgozza át classicus latin nyelvre a krónikák nyujtotta nemzeti történelmi anyagot.[1]

A nagy föladat — úgy látjuk az eredményből — teljesen megfelelt az olasz humanista írói becsvágyának, de másrészről minden idejét és erejét lekötötte. Csak Antonio *Averulinonak* a műépítés elméletét tárgyaló munkáját fordította még Mátyás óhajára olaszból latinra, sietve, három hónap alatt,[2] azután teljesen nagy föladata megoldásának élt. Három hónapot számítva Philostratus és ugyanennyit Averulino fordítására, legkorábban az 1487. év közepén kezdhetett bele az anyaggyüjtésbe s a források tanulmányozásába. Mennyire haladt három év alatt Mátyás haláláig (1490 ápr. 6.), nem tudjuk megállapítani. De az nagyon kétségesnek látszik, a mit Heltai Gáspár, Bonfini művének magyar átdolgozója (1575.) állít, hogy a Mátyásig terjedő rész (az I. és II. decas és a III. decasból 8, összesen a 45-ből 28 könyv), tehát a munka nagyobb fele már Mátyás életében kész lett volna. Még kevésbbé hihető, a mit Heltai, úgy látszik, a maga krónikája hitelének emelésére állít, hogy Mátyás huszonnégy vén embert hivott magához Visegrádra s előttük végig fölolvastatta Bonfini-

---

[1] Bonfini ajánlólevele II. Ulászlóhoz: «Unnorum historia, a Matthia rege mihi delegata», p. 2.

[2] Maga írja: 656. IV. 7.

vel kész munkáját, amazok azután minden fejezethez hozzászóltak s elmondták, miként hallották ők őseiktől a dolgot.[1] Bonfini maga ilyenforma kritikáról nem tesz említést, pedig ha megtörtént volna, mindenesetre hivatkoznék rá munkája nagyobb szavahihetőségének érdekében, ép úgy, mint a hogy Galeotto eldicsekszik vele, hogy a nagy király fáradságot vett magának az ő kis munkájának felülvizsgálatára.[2] Másrészt azonban kétségtelen, hogy a munkának legalább negyedrésze már Mátyás halála előtt készen állott. A II. Dec. I. könyvében a székesfehérvári bazilika restaurálásának elbeszélése alkalmából[3] Mátyásról még mint élőről emlékezik, a nagy király váratlan halála azonban a munka nagy részét megiratlanul találta.

Az a nagy változás, mely az idegen király trónraléptével Mátyás alkotásainak java részét elsöpörte, Bonfini állását nem rendítette meg. Az udvar köréhez tartozó humanisták érdeklődtek műve iránt,[4] hizelgésével a király kegyét is sikerült megnyernie. II. Ulászló szintén dicsőséget remélt magának Bonfini történetírói munkássága révén. Miként Mátyás kegyét a Corvincsalád származásáról, római eredetéről szóló munkájával kisérelte meg először megközelíteni, úgy Ulászlót is e pontban óhajtotta megnyerni. Mint a Jagelló-ház hivatalos humanistájának alkalma is nyilt erre, nem csupán nagy történelmi művében, hanem azon beszéde alkalmával is, a melyet Ulászló atyjának, II. Kázmér lengyel királynak ravatalánál mondott (1492.), a melyben, mint maga írja, «a legrégibb időktől kezdve elősorolta a királyi család összes tagjait, a család dicséretére az ő (Kázmér) életét pedig a lehető legdiszesebb beszédben dicsőítette».[5] II. Ulászló király is megtartotta tehát udvarában, rendes évi díjazást utalványoztatott

---

[1] *Magyar Krónika*, Toldy Ferencz kiadásában, az Újabb Nemzeti Könyvtárban, 1854. 69. l.

[2] De dictis, c. 32. *(Schwandtner I. p. 565.)* Valószinű, hogy Heltai ebben az esetben is, mint néhány alább fölsorolandó más esetben is, Bonfini életadatait Galeottoéival zavarta össze.

[3] «Quam si per vitam absolvere poterit» ... etc. 208. II. 1.

[4] Lobkoviczi Hassenstein Bohuszló már 1490 szeptember 14-én kéri II. Ulászló titkárától, Schlechta Jánostól Bonfini történelmi munkáját. *Kemény*, i. h. 249. l.

[5] 722. V. 3.

számára,[1] és maga gondoskodott a munka számára papirosról,[2] letisztázásáról.[3] Mennyire meg tudta becsülni Ulászló a tudós olasz nehéz munkáját, leginkább az a ténye mutatja, hogy (1492 okt. 10-én) őt, fiát, Francescót, testvéreit és egész nemzetségét a *magyar nemességgel* tüntette ki.[4] Ugyanezen kitüntetésben részesítette Ulászló *Jánost*, Bonfini munkájának «híven és diszesen dolgozó» másolóját is, atyjával és testvéreivel egyetemben.[5] II. Ulászló 1494—95-iki számadáskönyveiből úgy látjuk, hogy Bonfini munkája nagy részével legkésőbb 1495 áprilisában készen volt, ugyanekkor a király számára egy diszes másolatról kezdettek gondoskodni; és pedig János mester oly serényen hozzálátott a másoláshoz, hogy az április 9-én vett négy forint árú pergament julius közepére elfogyott és ekkor még egy forint árát kellett venni hozzá. Bonfini még azontúl is dolgozott, megírta az 1495. évnek s az 1496 elejének történetét is, hanem azután, bár műve csonkán maradt, elhallgatott. Úgy látszik, nem akarta Ulászló tehetetlenségét az utókor számára megörökíteni, dicsőségére pedig semmit sem írhatott. Még jó néhány esztendeig maradt, hanem azután nem akart többé részese lenni az udvar nyomorúságának. Hazakészült Olaszországba, de készülődése közben hirtelenül nyavalya érte és Budán, 1503 tavaszán, 69 éves korában befejezte nem nagyon szerencsés, de nem is fénytelen,

---

[1] Az 1494—95-iki királyi számadáskönyvekben 1494 (1495 ?) szeptember 30-áról: «Anthonio Bonfin data sunt flor. 8». *(Engel* Geschichte des Ungarischen Reiches und seiner Nebenländer. Halle, 1797. I. 172. l.) Abból, hogy ez az utalványozás a hónap végén történt, nem következik, hogy havi részletekben kapta volna szerzőnk díjazását, mert a többi hónapoknál nincs följegyezve; valószínűleg szerzőnk díjazásában is ép oly rendetlen volt II. Ulászló pénzkezelése, mint minden más egyébben.

[2] Az 1494—95. számadások közt april 9-éről: «De mandato Regio empta sunt pergamina pro Cronica Hungarorum, quam compilat Bonfyn, pro flor. 4». *(Engel,* i. m. 91. l.) és jul. 15-éről: «Pergamenum emptum est pro historia Hungarorum flor. 2». *(Engel,* i. m. 122. l.)

[3] Ápril 9-éről: «Scriptori Anthonii Bonfin datus est flor. 1». *(Engel,* i. m. 91. l.)

[4] Az oklevelet erre vonatkozólag közli *Carboni* (i. m.), a nélkűl, hogy értesítene, honnan vette *(Ábel,* Phil. Közl., 1880. 289. l.). Az oklevél hollétéről nincs semmi tudomásunk.

[5] Az oklevelet közölte *Wagner,* Analecta Scepusiana, II. pp. 113—114.

munkás életét és Budán, Szent Margit egyházába temették el.[1]
Sírjára a következő föliratot vésték:

Hac sub tumba jacet Bonfinus, gente Picentus
Doctus, et ingenuus, Auctor amenus erat.
Hic ejus ossa cubant. Sed quod hisce omnibur majus,
Jam suas historius Hungara tellus habet.[2]

Fia, *Ferencz* visszatért hazájába. Orvossá lett, később egyetemi tanárrá. 1515—1522-ig Bolognában tartott előadásokat,[3] majd VII. Kelemen pápa (1523—1534.) szolgálatában Rómában működött,[4] családja további sorsáról azonban nem értesülünk.[5]

Lássuk már most közelebbről irodalmi munkásságát. Elsősorban mint ideális humanista író lép elénk, kinek törekvése, hogy a görög írók latinra fordítva, minél szélesebb körben ismeretessé váljanak. Utóbb az élet realismusa practicusabbá teszi, megrendelésre dolgozik, fordít olaszból s görögből latinra, végül egészen a történelemírásnak szenteli tudását és stilusának művészetét. Művei tehát részben önálló, eredeti dolgozatok, részben fordítások.

---

[1] Halála idejét és körülményeit a *Breviculum Chronologium* adja meg, *Keménynél,* i. m. 250. l.

[2] *Kemény,* i. h. 250. l.

[3] A bolognai egyetem jegyzőkönyvéből. *Ábel,* Phil. Közl., 1880. 290—291. ll.

[4] *Diego Calcagni* (Memorie istoriche della città di Recanati, Messina, 1711.) adata *Beigelnél,* i. h. 90. l.

[5] *Heltai* (Magyar Krón. 68—69. ll.) így ír: «Miért, hogy hallotta vala (Mátyás Bonfininak) szegény voltát és hogy öreg kiházasító leányai volnának, ő magát ezer arany forinttal megajándékozá, mindenik leányt is ezer-ezer forinttal, hogy lönne jegyruhájok. Mert Olaszországban olyan törvény vagyon, hogy az atya először kihirdeti az ő leányának törvényét, mert annélkül senki nem kéri és senki sem veszi el. Úgy marada annakutánna Bonfinius Mátyás királynál». Heltai ezen adatainak másutt nem találjuk nyomát; bár ép e korban épen nem volt szokatlan, hogy valamely humanista pártfogójától leányai számára jegyajándékot kérjen *(Ábel,* Adalékok, 269. l.), mégis valószinűnek látszik, hogy Heltai ezen esetben is összetévesztette Bonfinit *Galeottóval,* a ki maga nyiltan megírja (De dictis, c. 27.), hogy egy alkalommal (1482.), egyenesen azért kereste föl Mátyást Badenban, hogy leányai számára jegyajándékot kérjen.

Fordításai:

a) görögből: 1. *Herodiani* Historiarum libri VIII. (A római
császárok története Commodustól Gordianusig. 180—244. Kr. u.)
Nyomtatásban tudtunkkal nem jelent meg. Ezen fordítást tartal-
mazó diszes, de megcsonkított *Corvin-codex* jelenleg a salzburgi
cs. és kir. Studien-Bibliothek tulajdona.[1]

2. és 3. *Hermogenis* Tarsensis, philosophi ac rhetoris acutis-
simi, *de Arte rhetorica* praecepta, *Aphtonii* item Sophistae
Praeexcitamenta Antonii Bonfinio Asculano interprete. (Hermo-
genes Marcus Aurelius császár korában egy, sokáig általánosan
használt rhetorikai kézikönyvet írt; Aphtonius pedig Kr. u. 300
körül «Progymnasmata»-iban a szónoklat elsajátítására, különö-
sen a metaphorák használatára szolgál gyakorlati példákkal.)
Nyomtatásban megjelent a két fordítás egységes kiadása Leyden-
ben, 1538-ban.[2]

4. *Philostrati* Heroica, Icones, Vitae Sophistarum. (Az első
mű a Trója alatt harczoló görög hősöknek párbeszédben megírt
jellemzése; a második különböző tárgyú ókori festményeknek
műtörténelmileg értékes leírása; a harmadik a görög sophisták
életrajzának gyüjteménye.)[3] A fordítást Bonfini Mátyás bécs-
újhelyi táborában, a nagy király egyenes megbízására készítette.[4]
A bécsi *Corvin-codexet*, mely e fordítást tartalmazza, Attavantes
remek miniatürjei diszesítik.[5] Nyomtatásban 1516-ban jelent meg
Strassburgban. A Mátyáshoz intézett ajánlólevelet Kollár Ádám
tette közzé.[6] Kéziratának egy példánya meg van a vatikáni
könyvtárban is.[7]

---

[1] A codex leírását *Csontosi* János adja: A budapesti orsz. könyvkiállítás
latin kéziratai. Bpest, 1882. 63. l. *Bonfini* maga ezen fordításáról kétszer is
megemlékezik. (35. I. 2. és 659. IV. 7.)

[2] Bonfini maga említi e fordítását. 659. IV. 7.

[3] Bonfini maga említi, hogy Philostratos negyedik művét, a 83 darabot
tartalmazó *«Levelek»*-et is lefordította. 659. IV. 7.

[4] 9. I. 1. és 659. IV. 7.

[5] *Csontosi*, i. m. 70. l, A bécsi csász. udv. könyvtárban két kézirata van :
a 25. és 3166. sz. codexben, az utóbbi a fönt említett Corvin-codex.

[6] *Analecta* Monumentorum omnis aevi Vindobonensia. Bécs, 1762.
II. pp. 810—817.

[7] Lat. 3076. chart. No. saec. XV. jelzéssel. *Ábel*, Phil. Közl., 1880. 290. l.

b) olaszból : 5. Antonio *Averulino* (más néven Filarete) Architecturajának latinra való fordítása. A fordítás Mátyás rendeletére készült.[1]

Az ezen fordítást tartalmazó *Corvin-codex* jelenleg Velenczében a szent Márk-könyvtár tulajdona.[2] Egy kézirata a vatikáni könyvtárban is meg van.[3] Mátyáshoz intézett ajánlólevelének főbb részeit Morelli tette közzé (1800.) a velenczei szent Márk-könyvtár kéziratjegyzékében.[4]

Eredeti művei:[5]

6. *Költői* műve : *Epigrammái* gyüjteményét magával hozta Italiából és János herczegnek ajánlotta.[6] Nyomtatásban tudtunkkal nem jelent meg, kézirata is elveszett, de a mennyire egyetlen fönmaradt epigrammájából — a melyet Mátyás budai palotájának kapujára vésetett [7] — következtetnünk lehet, költeményei nem voltak jobbak azon kor számtalan más költői termékeinél s ezért vesztek is el nyom nélkül. János herczeghez írt ajánlólevele, mely a trónörökös oktatásáról tárgyalt, úgy hitte maga a szerző, «kellemes és hasznos olvasmány».[8]

7. *Értekező* műve : Symposion trimeron, sive *de pudicitia coniugali, et virginitate* Dialogi tres. (Három párbeszédes értekezés a szüzességről és a házasságbeli szemérmetességről.)

---

[1] 656. IV. 7.

[2] *Csontosi,* i. m. 50—51. ll.

[3] Cod. Vat. lat. 4966. sec. XV. fol. max. chart. *Ábel,* Phil. Közl., 1880. 290. l.

[4] *Ábel,* u. o.

[5] *Stemler* (p. 7.) és utána *Szinnyei* József (Magyar írók I.) szerzőnknek tulajdonítják az Aulus Gellius művéhez írt magyarázatokat is. Minthogy azonban a velenczei kiadás czíme nem vall határozottan *Antonio* Bonfini szerzőségére (Comunentaria Auli Gellii Noctium Atticarum per Bonfinium recognita, Venetiis, 1518.), lehetséges, hogy ez is, mint a Horatius-magyarázatok, szerzőnk öcscsének, Mattheonak munkája.

[6] «Unum autem Epigrammaton libellum Joanni Corvino inscripserat.» 659. IV. 7.

[7] L. alább «*Tudomány és művészet*» cz. fejezetben a budai palota leírásánál.

[8] ... «cum haud iniucunda inutilique praefatione, ubi de instituendo novo principe agebatur.» 559. IV. 7.

2*

A kéziratot tartalmazó *Corvin-codex* jelenleg a bécsi császári udvari könyvtárban van.[1] A Beatrixnak ajánlott s Beatrix magasztalásával eltelt munkát szerzőnk maga nagyra tartotta,[2] nyomtatásban is két kiadást ért,[3] azonban Spanyolországban és Rómában a tiltott könyvek jegyzékére került.[4]

8. *Szónoki* munkája: *Ad illustrissimum ducem Federicum latinae pacis auctorem oratio pro Leonardo Angelo amico suo unico.* (Urbino herczegétől, Federigotól kegyelmet kér Angelo számára.) Kiadatlan; kéziratát a vatikáni könyvtárban csak legújabban (1879.) találta meg *Ábel* Jenő.[5]

Történetmi művei:

9. *De historia Asculana.* Nyomtatásban nem jelent meg, kézirata is elveszett; a XVIII. század végén Ascoli város nyomoztatta hollétét, de sikertelenül.[6]

10. *Genuensis Historia.* Genua történetének Bonfini által készült ezen földolgozásáról jelenleg nincs semmi tudomásunk.[7]

11. *Libellus de Corvinae Domus origine.* (A Hunyadi-ház római eredetét tárgyalja.) Bázelben jelent meg 1577-ben. Kéziratáról nincs tudomásunk.[8]

12. *Rerum Hungaricarum Decades,* a szerző legkiválóbb alkotása, melyet mint XV. századi művelődésünk történetének legdúsabban fakadó forrását, a következőkben részletesen kell ismertetnünk.

A munka *díszműnek* készült a magyar nemzet történelmi nagyságának és mindenekfölött Mátyás dicsőségének megörökítésére.

---

[1] 2365. sz. *Magyar Könyvszemle,* 1884. 182. l.

[2] 8. I. 1., 606. IV. 4. és 659. IV. 7.

[3] Sambucus kéziratai példányát kiadta Leunclavius. Basel, 1572. és újra 1621.

[4] *Kemény,* i. m. 251. l.

[5] Cod. Urb. lat. 256. fol. chart. XV. *Ábel,* Phil. Közl., 1880. 290. l.

[6] *Ábel,* i. h. 289—90. ll.

[7] *Dillherus* Joh. Mich. (Disputationes Academicae, Norimbergae, 1562. I. p. 583.) hivatkozik rá. *(Keménynél,* i. m. 252. l.)

[8] Szerzőnk maga említi 659. IV. 7.

Mint díszműnek, föladata elsősorban nem tudományos, hanem *művészi*. A magyar krónikások kezében — úgy találja szerzőnk — izléstelen, művészietlen, száraz adathalmazzá alacsonyult a történetírás.[1] Ezért ő azt tartja föladatának, hogy a magyar Kliót odaemelje, a hova a görögök számították: a múzsák, a *művészetek* sorába. Történetírói fény és árnyoldalának összes sugarai ebbe a gyujtópontba gyűlnek össze. A külső forma az, a mi szerzőnk figyelmét az ókor íróiban megragadja és utánzásra ösztönzi. Magával a classicus írók szellemével, mely oly sok renaissance-kori írót és művészt valódi, vagy legalább fél pogánynyá tett, szerzőnk meg nem barátkozott. Kortársainak számtalan példája ellenére megmaradt jámbor, *hivő kereszténynek*. Közvetlen Magyarországba utazása előtt ott látjuk a Recanati közelében fekvő hires bucsújáróhelyen, Lorettóban, hogy hivő buzgalmában láthassa a csodás Mária-kápolnát és az ördögtől megszállott asszony exorcisálását.[2] Nagy történelmi munkája is igaz kereszténynek mutatja. A II. Ulászlóhoz intézett ajánlólevél valóságos hitvallással kezdődik; műve folyamán gyakran szép axiomákat olvasunk az Isten igazságosságáról, a ki az embert nehéz próbára teszi, de bukását nem akarja;[3] a ki mind a jó, mind a rossz cselekedeteknek megadja a méltó jutalmát[4] s a ki a hivőket soha el nem hagyja;[5] az embernek tehát, «mivel minden reménye hiú, minden reményét és bizalmát az Istenbe kell helyeznie, a kiről meg kell győződve lennünk, hogy mindent a legbölcsebben és az emberre nézve a leghasznosabban intéz és sok dologról, a mi ránk nézve károsnak és veszedelmesnek látszik, ha jól meggondoljuk, belátjuk, hogy reményünkön felül javunkra válik».[6] Szent Genovéva imája mentette meg — írja szerzőnk — Párist Attila pusztításától; «ezen példából látható, hogy mily sokat ér a veszedelmek közepette a szentek

---

[1] L. alább «*Tudomány és művészet*» cz. fejezetben.
[2] Girolamo *Angelita*: «Istoria della venuta della Santa Casa» adata *Beigelnél*, i. h. 90. l.
[3] «Periclitatur Deus hominem, non demergit.» 396. III. 1. és 468. III. 5.
[4] «Deus, qui neque bona, neque mala facinora pro irritis vult haberi.» 531. III. 9.
[5] «Nunquam fidelibus pia numina desunt.» 211. III. 1.
[6] 226. II. 2.

imája».[1] Mint történetírót jellemzi az a fölfogása, hogy szerinte Mátyást az isteni gondviselés mentette meg a kivégzéstől és tartotta meg a trón számára; és erősen kikel azok ellen, «a kik nem hiszik, hogy a halandók és különösen a királyok ügyeit az Isten gondozza» és Mátyás menekülését «a sors véletlen játékának» tartják.[2]

De nem csupán az Isten végtelen hatalma előtt hajlik meg a legnagyobb tisztelettel, hanem, a mi ebből következik, az egyház tekintélye, továbbá a fejedelmek, királyok előtt is, a kiket az isteni hatalom földi képviselőinek, sőt földi isteneknek tart.[3]

Egyáltalán nem forradalmi természet s a tekintély előtt szivesen hódol, nem csupán az egyházi és világi hatalomnak, hanem a tudomány tekintélyének is. Egyénisége nem emelkedik semmiben sem kortársai fölé, de kora tudományosságának szinvonala alatt sem marad s így nem mint erős egyéniség, hanem mint a XV. századi olasz humanista történetírók jellemző képviselője lép elénk. Történetírói erényei, hibái nem az ő egyéni erényei és hibái, hanem mind közös tulajdonsága a korabeli humanista történetíróknak.

Az említett történetírók fő jellemvonása, hogy első sorban azt tekintik föladatuknak, hogy a hallgatót a stilus eszközeivel megindítsák, fölizgassák, megrázzák. Livius a mester, a kit nyomról-nyomra követnek, követésre leginkább méltó erényének épen azt tartják, a mit ma hibájául kell fölrónunk, hogy «a száraz és vértelen hagyományt kellemmé és teljességgé alakítja át». Művészi · tökéletességű, folyékony és mindenek fölött érdekes elbeszélést akarnak nyujtani az olvasónak, de a külső kidolgozás túlságos gondozása mellett a dolgok tényleges, igazi lefolyása iránt nem érdeklődnek eléggé, úgy hogy az összehasonlítás az olasz nyelven író krónikások és a latin nyelven író humanista történet-

---

[1] 81. I. 5.

[2] 529. III. 8.

[3] «Potestas omnis a Deo est». 203. II. 1. (ezért kéri szent István a pápától a koronát); 243. II. 3. «Reges apud omnes gentes suo iure sanctos esse oportere» etc. 218. II. 2. «Reges, qui *pro diis* habendi sunt.» (Ilona királyné beszéde az aradi gyűlésen.) 282. II. 6. «Deos immortales, quorum vices geris in terris» etc. (Oláh vajda beszéde Zsigmondhoz.) 399. III. 1. stb.

írók között, a történelem valódi föladatainak tekintetében, határozottan az utóbbiak kárára válik.[1]

Bonfini tehát, bár kora legkitünőbb humanista történetírói után indul is, korunk történelmi fölfogása szerint helytelen nyomon járt. És volt még egy szempont, a melyben Bonfini humanista kortársai mellett határozottan hátrányban maradt. Az olasz humanisták hazájuknak, vagy még szűkebb keretekben szülővárosuknak jól ismert történetét írták. Bonfini egy merőben idegen nemzet történetét kezdi írni, melyet csak későn ismert meg és a dolog természeténél fogva teljesen és valójában, az udvar zárt köreiben tartózkodva, soha meg nem ismerhetett. Csak fényes latin stilusa volt készen, a mikor nagy föladatának megoldásához fogott; maga a történelmi anyag, továbbá a helyi és társadalmi viszonyok az idő szerint még teljesen ismeretlenek voltak előtte.

Milyen anyagot dolgozott föl és milyen forrásokból merített szerzőnk?

Az *anyag* nem csupán a magyarok történelmét adja, hanem bevezetésül a munka ötödrésze a magyarok ázsiai és európai lakóhelyének rajzát (I. Dec. 1. k.), majd sorban a hazánk mai területén megfordult népek történetét adja: a góthokét (I. Dec. 2. k.), a hunokét (3—7. k.), longobardokét (7. és 8. k.), a frank hódításáét és az avarokét (9—10. k.), az utóbbiakat a magyarokkal egynek tartva s történetüket tökéletesen összezavarva. Majd minden átmenet nélkül egyszerre magyarok válnak az avarokból s folytatja az avarok történetét a magyarok neve alatt a IX. és X. század folyamán. Sorra kerül a kalandozások kora (10. k.), majd az Árpád-házi (II. Dec. 8. k.) és a vegyesházi királyok uralkodása Mátyás koráig (II. D. 8. — III. D. 8. k.). Egy egész decast betölt Mátyás uralkodásának részletes, szines rajza (III. D. 9. k., IV. D. 8. k.) és hét könyvet (IV. D. 9. k., V. D. 5. k.) II. Ulászló uralkodásának érdemén felül terjedelmes elbeszélése.[2]

A valóban óriási anyag összehordása csak széles körű *forrástanulmányok* alapján vált lehetségessé.

---

[1] *Burckhard,* A renaissancekori művelődés Olaszországban. Ford. *Bánóczi* József. Budapest. 1895. I. 334—341. ll.

[2] *Helmár* Ágost alább idézett műve, mely Bonfini művének tartalmát lapról-lapra adja (10—59. ll.), fölment a mű tartalmának bővebb részletezésétől.

A munka *második felét,* Mátyás és Ulászló uralkodásának tárgyalását szerzőnk részben mint szemtanu, részben a szemtanuktól nyert szóbeli értesítés alapján írta meg.

A mű *első részét* azonban, természetesen, legnagyobb részében írott forrásokból merítette szerzőnk. Ha Heltai nem állítaná, akkor is valószinűnek kellene tartanunk, hogy a nagy király, mikor nemzete történetének megírását egy idegenre bízta, arról is gondoskodott, hogy a források az író rendelkezésére álljanak. Heltai mindenesetre túlozva ecseteli Mátyás gondoskodását: «Meghagyá kedig Mátyás király mind püspekeknek, mind apáturaknak és mindenféle deákoknak, hogy elkeresnék mind az egész országot, minden káptolombeli libráriákat és minden kalastromokat és egybegyüjtenének minden jegyzésseket, irásokat és minden históriákat és azzokat behoznák, hogy megláthatná azzokat az Bonfinius rhetor és egymás után szép rendre hozhatná és szép ékes deák szókkal megírhatná azzokat.»[1]

A nagy király gondoskodásához képest azonban mégis nagyon kevés az, a mit szerzőnk a *hazai forrásokból* átkutatott. *Oklevelek és törvénygyüjtemények* tanulmányozására, úgy látszik, nem volt érkezése, egész műve folyamán alig pár helyen állapítható meg, hogy oklevelek és törvénykönyvek adataira építi elbeszélését, de ezen néhány helyen sem pontosan követi az eredeti szöveget.[2] *Szóbeli értesítés* alapján is keveset járul hozzá írott forrásaihoz, bár úgy látszik, utána járt és sikerült is egyetmást hallani magyar és török uraktól és katonáktól.[3] A szoro-

---

[1] *Heltai* Krónikája. 69. l.

[2] A rhodusi lovagok és a Frangepánok birtokait illető oklevelekre hivatkozás. 328. II. 8. Osztrák Frigyes gyilkosát IV. Béla jutalmazza. 329. II. 9. István erdélyi vajda vitézkedése Nápolyban. 363. II. 10. Nagy Lajos több hivét jutalmazza. 365—366. IV. 10. Giskra levele Mátyáshoz. 554. III. 10. Szerződés Frigyes császár és Mátyás közt (1463). 559. III. 10. Vitéz János kitüntetése (1464). 562. IV. 1. A szegedi gyűlés határozatairól Mátyás levele Velenczébe. 564. IV. 1. Mátyás levele Viktorinhoz a cseh háború okairól. 573. IV. 1. Békeszerződés Mátyás és Kázmér között. 600. IV. 3. A velenczei doge levele Mátyáshoz és Mátyás felelete. 623—24. IV. 5. Mátyás levele Kázmér hűtlenségéről és békeszegéséről. 627. IV. 5. Az 1486. országgyűlési törvényczikkelyek. 649—652. IV. 7. II. Ulászló választásának föltételei. 688—689. IV. 9.

[3] Zsigmond velenczei hadjárataihoz a megcsonkított katonákról. 429. III. 1. Rozgonyi Simon egri püspök lázadásának okairól. 448. III. 4. Hunyadi

san vett magyar történelmi anyagot szinte kizárólag a legutolsó kézből, *Thuróczi János* egységes nagy·földolgozásából merítette. Nagy ritkán nyúlt Thuróczi eredeti forrásaihoz, csak *Szent István, Szent Imre* és *Szent László legendáját*, továbbá *Rogeriusnak* a tatárjárást tárgyaló monographiáját, a Carmen Miserabilet tanulmányozta át s ezekkel bővítette Thuróczi elbeszélését. Másrészt azonban Thuróczi lelkiismeretes pontossággal összeállított mindent, a mit a magyar történetírás eladdig nyujtott; Bonfini nyugodtan meríthetett az eredeti források helyett Thuróczi egységes földolgozásából és ez a munkakönnyítés módot és időt engedett neki a magyar történelmet érintő *külföldi források* bővebb tanulmányozására.

Valóban szerzőnknek, hogy nemzeti történelmünket az egyetemes történelemmel belsőbb kapcsolatba hozhassa, főként a külföldi írók tanulmányozására volt szüksége. Scythiáról, a hunokról, avarokról, longobardokról és a frank hódításról, továbbá a magyarok külföldi hadjáratairól szólva, nem elégedhetett meg azzal a szűk körrel, azokkal a mesés hagyományokkal, erős nemzeti érzésből elkövetett öntudatos vagy öntudatlan ferdítésekkel, a melyek között krónikaírásunk századokon át alig fejlődve mozgott. Szerzőnk azonban több tekintetben túlzásba esik. Egyrészt számtalan, a magyar történelemmel szorosabb vonatkozással nem biró dolgot a főtárgy rovására igen hosszadalmasan tárgyal;[1] másrészt az idegen kútfők használatánál azt az elvet követi, hogy az idegen író hitelét mindig nagyobbra tartja, mint a magyaro-

---

János származásáról és ifjúságáról. 448—449. III. 4. A szebeni ütközethez. 459. IV. 5. A hosszú hadjárathoz egyes részletek. 475—476. IV. 5. A várnai ütközethez, törökök elbeszélése alapján. 489—490. IV. 6. Hunyadi és Cillei harczához. 491—492. IV. 6. A rigómezei ütközethez és Hunyadi fogságához. 494—500. IV. 7. A nándorfehérvári diadalhoz. 512—515. IV. 8. Sok részlet Hunyadi János halálához és V. László uralkodásához. 515—518. IV. 8. V. ö. *Helmár*, i. m. 87. l.

[1] A scythák és amazonok története. 29—33. I. 2. A góthok tört. 33—40. 41—47. I. 2. Szentek legendái Attila hódító útjával kapcsolatban. 71—85. I. 4. 5. A longobardok s a kelet-római birodalom tört. 142—153. I. 7. 8. A karolingok. 164—181. I. 9. 10. A husszíták története. 410—423. III. 2. 3. és számtalan adat Italia történetéhez s az egyetemes történelemhez az egyes könyvek végén.

két.[1] Azt pedig tőle, mint humanistától, nem is vehetjük rossz néven, hogy az ókor íróinak, *«még ha hibáznak is»*, többet hisz, mint a szerény magyar krónikásoknak.[2] Az idegen források, a melyekből merít, igen számosak.

A rómaiak magyarországi uralmáról, Scythia európai és ázsiai részéről, továbbá Pannoniáról és Daciáról írva, nagy gondossággal szedegeti össze mindazt, a mit a classicus írók, a jelentéktelenebbek is, tárgyát illetőleg följegyeztek. Mintegy hetven görög és latin auctort idéz az első harmincz lapon, de azért alig tud többet mondani, mint a mennyit néhány nagyobb írótól — Herodotostól és Strabotól a scythákról, Pliniustól Pannoniáról és Daciáról — tanult. Kétségtelen, hogy csupán azért hivatkozik épen műve legelején a classicus íróknak, költőknek és szónokoknak is oly nagy tömegére,[3] hogy az olvasóban a maga nagy tudománya iránt bámulatot keltsen és műve hitelét ily módon is fokozza. Ezért oly művekre is hivatkozik, a melyeket maga nem is látott,[4] vagy pedig, ha ír valamiről, nem az igazi forrását nevezi meg, hanem nagyobb tudományos szin kedvéért néhány más, kevésbbé ismert íróra hivatkozik.[5]

A tárgyalás további folyamán használhatatlanná válnak a classicus írók s ezzel szerzőnk idézései is megcsappannak. A hunok és góthok történetére *Jordanis*, a longobardok és avarokéra

---

[1] «Caeteri autem scriptores, quibus auctaritate magis credere debemus»... (Attila hódító hadjáratairól.) 95. I. 6.

[2] «Nos autem vetera monumenta nimia auctoritate pollentia, etiam in errore sectari, quam cum his (dum licet) bene sentire maluimus.» 29. I. 2.

[3] Idézi a *görög* írók közül:

Apollodorost, Apollonidest, Appianost, Aristobulost, Kritot, Damasippust, Diodorost, Diogenest, Diont, Dion Pruseust, Dionysiost, Ephorost, Eratosthenest, Euripidest, Eusebiost, Hekataiost, Hegesippost, Herodianost, Herodotost, Homerost, Hypsikratest, Metrodorost, Onesikritost, Philemont, Philostratost, Pytheast, Plutarchost, Polykletost, Poseidoniost, Ptolomaiost, Strabont, Timagenest, Timaiost, Hieronymust, Priskust, Procopiust, Menandert, Suidast. A *rómaiak* közül: Cornelius Nepost, Liviust, Pompejus Trogust, Pomponius Melat, Pliniust, Cornelius Tacitust, Jul. Florust, Suetonius Tranquillust, Trebellius Polliot, Europiust, Symmachust, Ammianus Marcellinust, Paulus Orosiust.

[4] Pl. *Priscost* többször idézi, de csak azon helyeit, a melyeket *Iordanis*-ban átírva talált.

[5] A góthokról szólva Possidoniust és Menandert idézi, bár Herodotost (IV. fej. 95. c.) írja ki.

Paulus Diaconus, a frankokéra *Einhardus* és az *Annales Lauris-
senses,* a kalandozások korára *Liutprand* s a későbbi német-
magyar harczokra *Freisingeni Ottó* és *Arenpeck* ausztriai króni-
kája a kútfője. Használta ezenfelül a szent Adalbertnek Brunó-féle életraj-
zát, az *Annales Mellicensest,* I. Ulászló történetéhez *Callimachus-
nak* Ulászlóról szóló munkáját, az olasz történelemre Andrea
Dandolo krónikáját, Andrea *Naugerio* és Marino *Sanuto* velen-
czei történetét.[1]

Mindezen írók mellett azonban két író nagy összefoglaló
dolgozatai szolgálnak szerzőnk támogatására. Az első a XV. szá-
zadi *Biondo* (Blondus), több pápa titkára, a ki Rómának Alarich
által történt elfoglalásától (410) a saját koráig terjedő világtörté-
nelmet írt. Bonfini nagyra becsülte Biondót,[2] a ki annyira kezére
járt neki s a kinek decasaiban a világtörténelem nyers anyagát
ép oly fáradságos gonddal egybegyüjtve találta, mint Thuróczi-
nál a magyar történelem anyagát. Nagyon valószinű a föltevés,
hogy szerzőnk még a legismertebb középkori írókat, Jordanist,
Paulus Diaconust stb. is csak Biondo gyüjteményéből és átírásá-
ból ismerte.

A másik író a nagy humanista, *Aenea Sylvio,* később II. Pius
pápa (1458—64.), a ki a saját kora történelméről írt rendkívül
becses emlékiratokat. Bonfini nagy tisztelője volt,[3] vitás kérdések-
ben mindig nagyra becsüli az ő véleményét és még hires regé-
nyének, az «Euryalus és Lucretia»-nak elég terjedelmes kivona-
tát is fölveszi történelmi elbeszélésébe.[4] Különösen a csehekre és
a husszitákra vonatkozó adatait veszi át.

Az összegyüjtött anyag tudományos *kritikájával* azonban
szerzőnk nem sokat gondolt. Mint minden más tekintély előtt, a
tekintélyül elfogadott történelmi források előtt is föltétlen bizalom-
mal meghajol. Kiírja őket, gyakran lapokon át, alig valamit vál-
toztatva a szavakon és minden további kritika nélkül a tények-

---

[1] Hivatkozik még a következőkre : Paulus Aquileius, Guilielmus, Sychar-
dus, Crescentinus, Petrarca és Palmerius műveire.

[2] Többször dicséri: 254. II. 4. 304. II. 7. 335. II. 9. 350. II. 9.

[3] Nagy dicsérettel emlékezik róla: 7. I. 1. 25. I. 1. 30. I. 2. 40. I. 2.
305. II. 7.

[4] 433. III. 3.

ben. Itt-ott, a hol forrásai fontosabb kérdésekben szembetünően ellenkezőt állítanak, fölsorolja a különböző véleményeket, igyekszik a leghelyesebbet kiválasztani.[1] Azonban az egész anyagra kiható, részletes kritikát hiába keresünk nála, forrásait ellenben minden hibájukkal, meséikkel és tévedéseikkel egyetemben föltaláljuk műveiben. Ő maga is érzi, hogy mily nehéz a föladata általán a történetíróknak, a miért forrásaikban sok hamis anyagot találnak,[2] de megelégedett a nehézség constatálásával és a saját pártatlanságának hangoztatásával. Nem is a kritikát, hanem a *pártatlanságot* tartja a történetíró fő erényének[3] és hogy a saját pártatlansága annál kétségtelenebb legyen, keményen megrójja a német történetírókat, kik elhallgatták III. Henrik csúfos vereségét, sőt azt írták, hogy Henrik Magyarországot leigázta és adófizetőjévé tette,[4] továbbá az olasz írókat, hogy a dalmát kérdésben a magyarok ellen Velencze érdekében meghamisítják az igazságot.[5]

A kritika elhanyagolásából folynak szerzőnk hibás *chronologiai* adatai. Hogy az Árpád- és Anjou-korra nézve nem pontos, forrásai téves adatainak alapján könnyen érthető. De az már súlyosabb hiba, hogy gyakran még az egykorú események datálásában is hibát ejt.[6]

Genealogiája általában pontos. Nagy gonddal igyekszik az Árpádok családfáját megállapítani, majd az Anjouk és Árpádok rokonságát kimutatni s egyúttal az Anjouknák VIII. Lajos franczia királyon kezdve részletes és elég hű genealogiáját adja.[7] A *Hunyadiak* genealogiájánál azonban egyszerre minden komoly gondolkozást cserben hagy. A nagy király családjának oláh eredetét tagadnia nem lehetett, de az oláhok római származásának

---

[1] Gizella királynét a magyar források gonosz, — a németek szent asszonynak írják. Szerzőnk szerint két Gizellának kellett lennie. 214. II. 11.

[2] 304. II. 7.

[3] 229. II. 2.

[4] U. o.

[5] 368. II. 10. stb.

[6] Pl. Jajcza elfoglalása után Mátyás hazaérkezését 1463 karácsonyára teszi 1464 február helyett; Podiebrád halálát 1470-re 1471 helyett; Boroszló ostromát 1473-ra 1474 helyett; az olmützi béke után a királyok találkozását 1478-ra 1479 julius helyett stb.

[7] 336—337. II. 9.

tétele alapján könnyű volt a *Hunyadiak római eredetének* tételét is fölállítani.[1] Marcus Valeriusnak egy gallussal vívott párbaja folyamán holló (corvus) száll a sisakjára, innen nyeri a Corvinus nevet. Ez az egyetlen név s a Hunyadiak hollós czímere elegendő szerzőnknek, hogy a Hunyadiakat M. Valerius Corvus családjával összekapcsolja. Valerius, szerinte, sabin származású volt, ezek pedig lacedaimoniak, ősatyjuk, Lacedaimon, magának Jupiternek és Taygetának volt a fia. A család a római királyság, majd köztársaság és császárság alatt híres fiakat szül; leányai kezéért consulok, sőt császárok versenyeznek. Corvinus Messala, a költők és szónokok nagy maecenása, mint hadvezér, Augustus császár korában Dalmatiába s utóbb Pannoniába telepítette át a családot s erről nevezték a Dráva-Száva közét Valeriának és a Száván túli részt a Corvinokról Corvatianak. (!) A család, bár híre elhalványult, sohasem halt ki Pannoniában s Hunyadi Jánosban újra előtört fénye. Mindezeket föliratos emlékekkel, családi czímerekkel s régi arany-, ezüstpénzekkel iparkodik szerzőnk hihetőbbé tenni; sőt hozzáteszi, hogy ezen pénzek bizonysága szerint maga Nagy Konstantin császár is a Corvin-családból származott.[2] Más előkelő *családok és városok* eredetének kérdésénél is látjuk szerzőnk törekvését, hogy az ókorral valami kapcsolatba hozhassa őket. A *Báthoriak* szerinte Bathotól, Pannonia királyától erednek («a kiről Strabo emlékezik»), *Sopron* Semproniustól, *Pozsony* Pisotól, *Kassa* a Cassius-családtól nyerte nyevét, *Pest* az italiai Paestumról.[3] Maga a magyar nemzet is a legdicsőbb ősökkel dicsekedhetik, szerzőnk egyenesen Mars hadistentől és a nagy görög hőstől, Herkulestől származtatja a harczias magyarságot.[4] De nincs okunk csodálkozni; Italiában ez időben épen nem volt ritkaság, hogy egyes családok maguk igyekeztek állítólagos ókori őseikkel való rokonságukat kimutatni. II. Pius pápa, Aenea Sylvio Piccolimini, pusztán azon alapon, hogy családjában az Aeneas és a Sylvius név gyakori volt, ősi rómainak tartotta magát; II. Pál

---

[1] L. erről bővebben «*A föld és népe*» cz. fejezetben az oláhok tárgyalásánál, 65—66. lapon.

[2] 538—543. III. 9. és 448. III. 4. 529. III. 8.

[3] 6—7. I. 1.

[4] 163. I. 9.

pápa, a velenczei Barbo család tagja, a római Ahenobarbusoktól
származtatta magát s természetesnek látszik, hogy a római Massini-
család F. Maximustól, a Cornaro-család a Corneliusoktól akarja
származtatni magát, a milanoi Plato-család pedig Platótól, a nagy
bölcselőtől.[1] Még kevésbbé fogunk csodálkozni Bonfini származ-
tatásain tudva, hogy IV. Frigyes császár 1453-ban hitelesíti és
megerősíti a IV. Rudolf osztrák herczeg által 1359 körül az osz-
trák herczegség számára gyártott szabadságlevelét, mely szerint
az osztrák herczegség már Julius Caesartól és Nero császártól
különös szabadalmakat nyert.[2]

A történetbuvárlatnak, mint tudománynak szempontjából
kifogásolható hiányokkal szemben szerzőnk *művészi előadása*
valóban meglepi az olvasót. Csak a munka legelején néhány
levél, Scythia leírása fárasztó, azontúl az előadás mindvégig élve-
zetes, kellemes olvasmány. Művészi jellemrajzok, párbeszédek,
még gyakrabban hosszadalmas szónoki beszédek élénkítik a
tények elbeszélését.

Beszédei valódi mintaképei a történelmi szónoklatoknak,
általában megfelelnek a szereplők helyzetének s nem csupán a
classicus történetíróknak, hanem a rhetoroknak komoly tanul-
mányozása is meglátszik rajtuk.[3] Némelyik igazán művészi, erős,
lendületes szónoklat, mint Leo pápáé Attilához,[4] Julian bíbor-
noké a török háború érdekében,[5] Szilágyi Mihályé Mátyás meg-
választása ügyében[6] és Báthori István beszéde az osztrák háború
ellen[7] és a kenyérmezei csatamezőn.[8]

Maguknak a tényeknek *elbeszélése* is gyakran drámai érde-
kességű, az események szinterének, különösen a csatatereknek
szinezése is mindig élénkségre törekszik. Természetes, hogy szer-
zőnk forrásai szükszavú adataihoz a saját képzelőtehetségéből
adja hozzá a részleteket.

---

[1] *Burckhardt*, i. m. I. 252. l.

[2] *Wattenbach :* Die oesterreichischen Freiheitsbriefe. Bécs, 1852.

[3] Attila beszédében (53. I. 3.) az igazságosságról szóló rész erősen *Cicero*
«De officiis»-a után készült. — Brankovics beszéde Oláhország elfoglalásáról
Cicero «De imperio Cn. Pompei»-ra emlékeztet több részletében.

[4] 101—103. I. 7.   [5] 483—484. III. 6.   [6] 530—532. III. 9.   [7] 612—
613. IV. 4.   [8] 636—37. IV. 6.

Nyelve mindvégig a legtisztább classicus latin nyelv, csupán a görög szavak gyakori használata árt némileg tisztaságának. A latin nyelvvel együtt azután az egész előadás valódi ókori szinezetet nyer.

A túlzás, mint annyi kortársánál, nála is elmaradhatatlan: még a keresztény vallás fogalmait is a pogány classicus kifejezésekkel adja vissza. Jézus Krisztus, akár csak Jupiter, «Optimus Maximus» és «Feretrius»; Szűz Mária «Diva», «Diva Virgo» és «Dea», temploma «Delubrum Magnae Matris»; a szentté avatásra nála «inter deos referre» és «apotheosis» a kifejezés.

Még különösebb, hogy szerzőnk előadásában Attila Marstól és Herkulestől kér segélyt[1] s Milanóba bevonulva, nagy tisztelettel áldozik nekik,[2] ugyanúgy cselekszik később a honfoglaló Árpád is.[3] Attila haditanácsában a vezérek, mint a római senatorok, «pedibus sententiam eunt»,[4] szent István «fetiales»-eket küld a bessenyők megtérítésére.[5] Károly Róbert mintha egészen pogány módon áldoznék az isteneknek.[6] Az országgyűlésen a szónokok a magyar rendeket «patres conscripti»-nek szólítják,[7] a hadvezérnek «dictator»,[8] az ispánoknak «princeps»[9] vagy «satrapa»,[10] a biróknak «praetor» a neve.[11]

A cseh háború magyar vitézei Trója görög hőseit juttatják szerzőnk eszébe; Szapolyai Imrét tartja Ulyssesnek, Báthori Istvánt Agamemnonnak, Kinizsi Pált Aiaxnak, Csuport Diomedesnek, Országh Mihályt Nestornak, Mátyás királyt a legnagyobb hősnek, Achillesnek.[12] Sőt már előbb, az ősmagyar hadszervezetben,

---

[1] 92. I. 6.

[2] 99. I. 6.

[3] «Mars pater tuque parens Hercules, quorum auspiciis, maiorum exemplo, almas tam procul Pannonias petivimus, perpetuas has nobis sedes concedite». Igy imádkozik *Árpád* s azután: «Marti ac Herculi progenitori Istrianam aquam ex more libavit». 163. I. 9.

[4] 100. I. 6.

[5] 209. II. 1.

[6] «Jesu Christo liberatori imprimis, deinde caeteris numinibus, Soteria rite persolvit.» 348. II. 9.

[7] 532. III. 9.   [8] 201. II. 1.   [9] 224. II. 2.   [10] 234. II. 3.   [11] 261. II. 4.   [12] 579. IV. 7.

légiókat látunk szerzőnk előadásában praefectusokkal, centuriók-
kal és decanusokkal.[1] Hanem ennek így kellett lennie s így is
volt a legjobb izlésű olasz humanistáknál is,[2] mert a classicus
latinságra törekvő író, ha választania kellett valamely modern
fogalomnak új, de rendesen gyanus classicitású és föltétlenül
classicus régi kifejezése között, minden habozás nélkül az utóbbit
választotta.

Bármennyit fáradozott szerzőnk nagy műve minél diszesebbé
tételén, azt nem érhette meg, hogy nyomtatásban megjelenve
lássa. Ulászló gondoskodott ugyan diszes másolatról, de a kiadás
költségeit fedezni hajlandó nem lehetett. Hazánkban az idő sze-
rint sajtó nem működött, külföldön kiadni a művet, roppant ter-
jedelme miatt, nagyon költséges lett volna. A szerzőnek s meg-
bízóinak halálával azután maga a kézirat is teljes feledésbe merült,
úgy hogy valóságos véletlenség, hogy egyes részei más-más
magánkönyvtárakban fönmaradtak s egységes kiadásuk lehetsé-
gessé vált.

Az első három decas több kéztől eredő hibás másolatban
Istvánffy Pál birtokában volt s ő Bornemissza (Abstemius) Ferencz
főesperes és székesfehérvári kanonok közbenjárására kiadás czél-
jából átengedte a Mátyás-kori humanista irodalom buzgó kutató-
jának, beszterczei *Brenner* Mártonnak. Brenner sietett közzéadni,
még a kézirat hibáit sem ért rá kijavítani s így a három első
decas Baselben, 1543-ban végre megjelenhetett.[3] De az érdeklő-
dők lehetetlennek tartották, hogy Bonfini művét épen Mátyás koro-
názásával félbenhagyta volna. Tovább folyt tehát a kutatás a kéz-
irat többi részei után. *Verancsics* Antal Krakkóban végzett kuta-
tásokat 1549-ben,[4] egy fiatal lengyel tudósnál, Andreas Tricesius-
nál meg is találta az V. decas öt könyvét.[5] Majd a következő
évben arról értesül, hogy a még mindig ismeretlen IV. decas és

---

[1] 161. l. 9.
[2] *Burckhardt,* i. m. I. 345. l.
[3] Brenner Márton ajánlólevele Révay Ferencz nádorhoz, 1543 szept. 1-ről.
Zsámboky-féle kiadás, 9. l.
[4] *Munkái,* VI. 352 l.
[5] «Deus bone, quam dulce, quam gratum, quam exosculandum tibi
tuique similibus debet hoc novum existere», írja Krakkóból Pesti Gáspárnak
1549 nov. 10-én. *Munkái,* VI. 353. l.

az V-iknek meglevő része *Révay Ferencz* nádor birtokában van, sürgősen kéri tehát a nádort, hogy engedje át neki a kéziratot, legalább a IV. decast, elolvasás czéljából.[1] Maga Verancsics foglalkozott az általa talált rész kiadásának tervével is,[2] azonban diplomatiai elfoglaltsága miatt nem volt rá érkezése. Barátja, a tudós *Csáky Mihály* a IV. decas hat első könyvét kiadás végett *Heltai Gáspárnak* átengedte s Heltai a III. decas 9. és 10. könyvével együtt sietve közre is adta a Mátyás korát tárgyaló nyolcz könyvre terjedő töredéket.[3] Az első teljes kiadást Miksa király udvari történetírójának, *Zsámboky Jánosnak* köszönhetjük. Az első három decast a Brenner-féle kiadás után adja, de javítva, a IV. decast a Révay-család könyvtárából, az V. decas öt könyvét pedig Nagyvárad tudós püspökének, Forgách Ferencznek kézirati példányából adta ki.[4] Ezen *editio princeps* a maga egészében még hat kiadást ért;[5] az elbeszélés folyamán beszőtt beszédek külön kiadásban megjelentek,[6] úgyszintén a Hunyadi János nándorfehérvári győzelmét[7] s II. Ulászlónak testvéreivel való 1494-iki lőcsei találkozását[8] tárgyaló részlet is.

A török hódító támadásokban közelről érdekelt s a magyar-török harczok iránt komolyan érdeklődő *németek részére két*

---

[1] *Munkái*, VII. 45. 1.

[2] «Si Deus nobis otium fecerit, quam citissime potero, relíquum quoque hoc Bonfini nominis luci polliceor» etc. *Munkái*, VI. 353. 1.

[3] Historia Integra Mathiae Hunyadis. Kolozsvár, 1565.

[4] «Antonii Bonfinii Rerum Ungaricarum Decades quattuor cum dimidia» etc. Bázel, 1568. Ismételjük, hogy a következőkben mindig ezen kiadás lapszámaira hivatkozunk.

[5] Frankfurt, 1581. Köln, 1690. Hannovia, 1606. Pozsony és Bécs, 1744. (Ugyanaz a kiadás két külön czímlappal.) *Lipcse, 1711.* A legutóbbi kiadás szövegének hibátlanságát és pontosságát a tudós kiadó, *Bél* Károly szorgalmának köszönjük.

[6] *Livii Hungarici,* id est celeberrimi de rebus Hungariae historiographi … orationes. Kassa, 1732.

[7] Narratio de Bellagradi sive Albae Grecae a Mahomete II. imper. turc. facta 1456. oppugnatione. *Reusner:* Rerum memorabilium Pannon. Frankfurt, 1603. — Ugyanezen részt már előbb kiadta egy névtelen : Syndromus Rerum Turcico-Pannonicarum. 1584. — Ebből vette át a föntebbi, Reusner-féle kiadás ; — harmadik kiadás 1627. ; a negyedik Kalocsa, 1770.

[8] Az V. dec. 4. könyvéből : *Wagner,* Analecte Scepusiana, II. 1774. pp. 115—121.

fordítás készült. Az első még a Brenner-féle kiadás megjelenése
előtt látott napvilágot,[1] a második az 1568-i Zsámboky-féle
szöveg teljes fordítását tartalmazza.[2] Teljes magyar fordítása
sohasem készült,[3] *Heltai* Gáspár azonban valóban nagy elis-
merésre méltó munkával, a fölösleges szószaporításokat elhagyva,
a fontosabb részeket szószerint is fordítva átdolgozta és «Chronika
az magyaroknak dolgairól» czímen Kolozsvárott, 1575-ben ki
is adta.

A lázas érdeklődés, a melylyel XVI. századbeli humanistáink
legjobbjai a tudós olasz humanista kéziratát kutatják, a hét latin,
négy német nyelvű kiadás és Heltai magyar átdolgozása, mind
szerzőnk páratlan *népszerűségéről* tesz tanúságot. XVI. és XVII. szá-
zadbeli legkitünőbb történetíróink művei java részben a
legújabb korig kiadatlanul kallódtak, velük szemben mily hasonlít-
hatatlanul fényesebb az olasz humanista sikere! Több mint két
századon át Bonfini műve volt itthon is, külföldön is a legtöbbet
olvasott magyar történelmi munka. Az igazi történelmi érzék és
kritika fejlődésével azonban híre egyre hanyatlott. Minél inkább
kezdték megismerni forrásait, annál alább esett az ő pompázó
földolgozásának értéke. Ma már ismerjük forrásait, pontos
elemezésben; s a történelmi valóságot többé nem szerzőnk
mesterkélt, de kritikátlan földolgozásából, hanem eredeti forrá-
sainak följegyzéseiből fogjuk meríteni. Tudjuk, hogy ott is, a hol
nem írott forrásokból dolgozik — mint Mátyás és II. Ulászló
korának előadásában — igen gyakran úgy gondolja ki a részle-
teket a főeseményekhez;[4] mint udvari alkalmazott nem írhatott
teljes függetlenséggel, s mint külföldi, nem ismerhette jól a

---

[1] *Wahrhaftige Chronik* d. allermechtigsten Königreich in Ungarn,
übersetzt von H. *Boner.* Strassburg, 1541. Frankfurt, 1541. és Basel, 1645.

[2] *Ungarische Chronica*, verteutscht aus d. latein durch Paulum *Frisium*.
Frankfurt am Main, 1581.

[3] *Kemény* József gróf (i. m. 270. l.) Soterius állítására hivatkozva
1606-ból egy *belga* és Czvittinger tekintélyére, ugyanazon évből egy *magyar*
fordítás megjelenését említi, ezeknek azonban sehol semmi nyoma.

[4] E tekintetben rendkívül érdekes *Csánki* Dezső tanulmánya Szabács
megvételéről (Hadtörténelmi Közlemények. I. k. 1888. 364—388. ll.), melyben
pontos forrástanulmányok alapján pontról-pontra igazolja, mily sok részletet
költött Bonfini a nagy vonásaiban igaz és helyes elbeszéléséhez a szabácsı
viadal leírásában.

nemzetet, az országot, a melynek történetét írta. De műve több tekintetben mégis mindenha érdekes és értékes alkotása marad a magyar történetírásnak.

Szerzőnk műve, tartalmát nem tekintve is, egyik legérdekesebb emléke a fejlődő s Mátyás udvarában teljes pompájában kibontakozó renaissancenak. Új szellemet, *új irányt visz a magyar történetírásba.* A művészi előadást emelte a történetíró főfeladatává, a mely mellett a tartalom s a történelmi igazság földerítése meglehetős csekély szerepet nyer. Mennyire hű tükre szerzőnk műve annak a modern szellemnek, mely akkor kezd hazánkba átszűrődni, s mely az igazsággal, őszinteséggel lényegileg nem sokat törődve, a külső pompa fényével akar hatni! Az ő példája lelkesítette XVI. századi humanista történetíróink nagyobb részét, kik nem ismertek szebb föladatot, mint hogy az ő művét ott, a hol ő abbanhagyta, hasonló classicus nyelven folytassák.

Másrészt a mily fontos irányt adott szerzőnk humanista történetírásunknak, ép oly megbecsülhetetlen művének *tartalmi, kútfői értéke.* A hol forrásait használhatjuk, az ő földolgozását nem fogjuk használni; de egészen rá vagyunk utalva Mátyás és Ulászló korának részletes tanulmányozásában, a hol egyéb egységes földolgozás nem áll rendelkezésünkre. Az oklevelek, föliratok, érmek és egyéb hiteles emlékek — mondja *Freeman*[1] — mint pótló és helyreigazító adalékok csak másodrangú kútfők valamely korszak egykorú *elbeszélő* kútfőjének egységes, egybefoglaló és folytonos előadása mellett, úgy hogy valójában az elbeszélő kútfők a történelmi ismeretek elsőrangú forrásai. Ily értelemben szerzőnk műve Mátyás és Ulászló korának valóban elsőrangú forrása. Okleveles és egyéb hiteles egykorú források adatai részleteiben sokban módosítják és kiegészítik szerzőnk előadását, de Mátyás koráról való tudásunk a maga egészében megmarad úgy, a hogy azt szerzőnk megalkotta. Bonfini decasai ép úgy alapjai fognak maradni a Mátyás-korabeli történelmi kutatásoknak, mint a hogyan nagy mesterei közül Herodotos műve a perzsa háborúk és Livius a pún háborúk történetének.

---

[1] A történelem tanulmányozásának módszere. Ford. *Hegedüs* Pál. Budapest, 1895. 181—182. ll.

Végül mily nagyszámú, mennyire becses adalékokkal járul nemzeti *művelődésünk történetéhez*, a következő fejezetek fogják részletesen tárgyalni és igazolni.

Irodalom.

A Bonfinira vonatkozó irodalom gondos összeállítását megtaláljuk *Szinnyei* József: «Magyar írók élete és munkái» cz. nagy munkájának I. kötetében. 1209. l. Mindazáltal szükségesnek tartjuk e helyütt is azon művek fölsorolását, melyekre a bevezetés folyamán tekintettel voltunk:

Ábel Jenő: Bonfini életrajzához. *Egyet. Philologiai Közlöny*, 1880. 288—291. ll.

Ballagi Aladár czikke Bonfiniról a *Pallas Nagy Lexiconában.*

Beigel István: Adalék Bonfinius élete történetéhez. *Századok,* 1902. 88—91. ll.

Békesi Emil: Magyar írók Hunyadi Mátyás korából. *Katholikus Szemle,* 1902. 328—331. ll.

Csánki Dezső: Szabács megvételéről. *Hadtörténelmi Közlemények.* I. k. 1888. 364—388. ll.

Flegler Sándor: A magyar történetírás története. Ford. ifj. Szinnyei József. Bpest.

Haner György: De scriptoribus rerum Hungaricarum et Transsilvanicarum. Bécs, 1774.

Helmár Ágost: Bonfiniusnak mint történetírónak jellemzése és műve kútfőinek kimutatása s bírálati méltatása. Budapest, Akadémia, 1876.

Kemény József gróf: Bonfinius élete és munkáiról. *Új Magyar Muzeum,* 1854. I. köt. 246—270. és 315—323. ll.

Potthast : Bibliotheca Historica Medii Aevi. I. köt. (2. kiad.) Berlin, 1896.

Joh. Christophorus *Stemler :* Disputationem circularem de Antonio Bonfinio sub praesidio Dan. Guil. *Molleri,* Com. Pal. Caes. et. Prof. Publ. sinceris Bonfinii aestimatoribus exhibet Joh. Christ. Stemler, Neostadtensis ad Orlam Variscus. Altdorf, 1698. (A húsz oldalnyi kis mű, melyre említett szerzőink majdnem mind hivatkoznak, de nem igen használtak, egészen jelentéktelen.)

Thallóczy Lajos: Helmár művének ismertetése. *Századok*, 1876. 854—856. ll.

Tiraboschi: Storia della letteratura Italiana. VI. köt. 2. rész. Róma,. 1784.

Zsilinszky Mihály: Bonfinius Antal történetíró jellemzése. *Századok*, 1877. 510—527. ll. Ugyanezen mű rövid összefoglalása megjelent a Márki-féle *Mátyás Király Emlékkönyvben* 241—245. ll.

A MAGYAR MŰVELŐDÉS

A XV. SZÁZADBAN

ANTONIO BONFINI «RERUM HUNGARICARUM DECADES»-E

ALAPJÁN.

ELSŐ FEJEZET.

A föld és népe.

Éghajlat, termékenység. Földmívelés. Bortermelés. Kertészet és gyümölcstermelés. Állattenyésztés; lótenyésztés. Vadászkutyák, vadak. Haltenyésztés. Bányászat: só, nemesérczek, ásványvizek. Bányamívelés. Mátyás intézkedései. Természeti csapások: pestis, sáskák, egerek, szárazság, fagy, éhinség, sociális zavargások. Általános jólét. A magyar faj; jelleme, szabadság- és hazaszeretete, nemzeti büszkesége, gyülölete a német és olasz ellen. Németek, olaszok hazánkban, mívelődési és politikai szerepük. Oláhok. Székelyek. A magyarság uralkodó állása.

Antonio Bonfini a renaissance nagy történetíróinak mintájára, műve legelején részletes rajzát adja azon területeknek, melyek a műve folyamán előadott események szinterei voltak.[1] Bőven szól Scythiáról, ennek európai s ázsiai részéről, majd a vándorló magyarság egyes pihenő helyeiről, végül a mai Magyarország földrajzi viszonyairól. Scythia leírásánál a szerzőknek és földrajzi neveknek olyan rendszertelen halmazát tárja elénk, hogy egyenesen lehetetlenség eligazodni rajta. Mai hazánk leírása egészben véve helyes ugyan, de viszont oly vázlatos, hogy még a legrövidebbre fogott ismertetése is teljesen meddő munka lenne oly nagyszabású munkálkodás után, a melylyel Csánki Dezső a Hunyadiak-korabeli magyar földrajzot fölkutatta és leírta.[2]

A tisztán leíró földrajzi adatok hasznavehetetlenségével szemben áll azonban szerzőnk azon adatainak rendkívüli becse,

[1] 3—28. I. 1.
[2] Magyarország történelmi földrajza a Hunyadiak korában. 3 kötet. Budapest, 1890—97.

42	ELSŐ FEJEZET.

melyek a magyar föld természeti, éghajlati és néprajzi viszonyaira
vetnek fényt.

Magyar író a mindennapos megszokás közönyösségével
észre sem vette, föl sem jegyezte volna e fontos adatokat, az
idegen Bonfini, mint reá nézve újszerű és szokatlan tényeket,
nem késett, ha csak futólagos és mellékes megjegyzések gyanánt
is, följegyezni őket, mintegy a politikai s hadi nagy események
intermezzójaképen.

* * *

Hazánk *éghajlata, fekvésének szépsége* meglehetősen kedvére
van az Italia kék egéhez, verőfényes szép tájaihoz szokott jöve-
vénynek. Az volt róla a véleménye, hogy «ha egy kissé még
enyhébb volna, s nem lenne benne annyi az útonálló, hanem
annál több lenne a város, akkor Magyarországot, éghajlatának
kellemessége és fekvésének szépsége folytán, méltán a világ
bármely más országa fölé lehetne helyezni».[1]

Így azután érthetővé válik szerzőnk azon adata, hogy mikor
a honfoglaló magyarság hazát jött keresni, egy talpalattnyi földet
sem talált üresen, mert «csodálatos termékenysége és a kellemes
éghajlata folytán az országot nemcsak a szomszédos, hanem a
távolabbról érkező népek is teljesen ellepték».[2]

Az éghajlat kedvező voltának természetes következménye
volt a magyar föld rendkívüli *gazdagsága és termékenysége.*
A magyar föld csodálatos gazdagsága bármulatra ragadta min-
denha a rajta megforduló idegent, ellenséget, jóbarátot egyaránt.
Ellenségünk, Freisingen püspöke, *Ottó,* ki 1147-ben a második
keresztes haddal utazott hazánkon keresztül, nem győzi a sorsot
vádolni, s az isteni Gondviselést csodálni, hogy a szörnyeteg
magyar népnek ilyen gyönyörű ország birtoklását megengedi.[3]
Bertrandon de la Broquière, bourgognei lovag, II. Fülöp burgundi
herczeg főkonyhamestere, ki 1433-ban hazánkon keresztül utazott

---

[1] «Si mitior esset, aut latrociniis carere posset, frequentiam quoque
oppidorum maiorem haberet, coeli benignitate et pulchritudine situs omnibus
orbis regionibus suo iure possit anteferri». 24. I. 1.
[2] 161. I. 9.
[3] Gesta Friderici Imperatoris, I. c. 31. (*Pertz.* Mon. Germ. Scriptores
XX. p. 368.)

a Szentföldről visszajöttében, a komoly szemtanú meggyőződésével dicséri naplójában a magyar föld rendkívüli gazdagságát, terményben, állatban, ásványban egyaránt.[1] Bonfini kortársa, a német *Harff Arnold* is, 1496-tól 1499-ig terjedő világjáró útjában hazánkat «szép, erős és termékeny» királyságnak találta.[2] Bonfini többi kortársa, *Galeotto Marzio*[3] és *Pietro Ranzano*,[4] és — hogy az idegenek mellett magyar szerzőt is említsünk — a világlátott nagy humanista, Esztergom érseke, *Oláh Miklós*[5] is a legkomolyabb megbizhatósággal, de másrészt a csodálattól elragadott hangon dicsérik a magyar föld kimeríthetetlen erejét.

Ennyi komoly tanú bizonysága alapján bizton megállapíthatjuk, hogy mennyiben adhatunk hitelt Bonfini adatainak. «A természet a talaj kiváló termékenységével áldotta meg ezt a földet: aranyat, ezüstöt, sót, drágakövet s festőanyagot nagy mennyiségben lehet bányászni belőle; az állatok, különösen a ló és szarvasmarha, csodálatos bőségben tenyésznek; továbbá takarmányban, gabonafélékben, hüvelyes veteményekben, s gyümölcsfélékben is nagy a bőség.»[6] «Úgy vélik tehát, hogy Pánról, a pásztorok istenéről, vagy a föld termékenységéről nevezték el Pannoniának», veti utána szerzőnk, jellemző etymologiával;[7] s tovább fűzve az etymologiát, a Kárpátok nevét a görög κάρπος (gyümölcs) szóból származtatja.[8]

[1] Eredeti franczia szövege: *Hatvani*: Brüsszeli Okmánytár, IV. köt. 301—323. ll. Magyar fordítását *Szamota* István közölte: Régi utazások Magyarországon és a Balkánfélszigeten. Budapest, 1891. 48—99. ll.

[2] Naplójának hazánkat illető részét *Szamota* közli fordításban; i. m. 109—127. ll.

[3] De egregie, sapienter et iocose dictis ac factis Matthiae regis, cap. 31. (*Schwandtner*, Scriptores, I. 564—65. ll.)

[4] Epitome Rerum Hungaricarum. Index. II. (*Florianus*, Fontes Dom. IV. p. 154.)

[5] Hungaria, cap. 18. (*Bél*, Adparatus, p. 33.)

[6] Tellus quidem summa ubertate soli, et rerum omnium copia a natura donata, ubi aurum, argentum, sal, lapillos, colores effodere licet: pecorum mira fecunditas, in primisque boum et equorum, — item frumenti, pabuli, leguminis et pomorum abundantia. 20. I. 1. V. ö. 690. IV. 9.

[7] 20. I. 1.

[8] «Carpathii montes, a fructu nimio dicti.» 3. I. 1. V. ö. 256. II. 4.

De nemcsak a Tisza-Duna közének végtelen alföldje s a Dunántúl dombvidéke, hanem Erdély hegye-völgye is részese a természet áldásának. Bőven van «aranya, bora, gabonaféléje, marhája», szóval «mindene, a mit csak a legpazarabb életmód követelhet».[1] Gazdagsága, természetesen, nem annyira terményekben, mint marhában és főképen bányái kincseiben állott, ezért méltán nevezték «Kincses Erdély»-nek.[2] A természet csodás gazdagsága szabta meg az ország egész lakosságának foglalkozása körét. Oly földön, a mely a maga gazdagságával teljesen kielégíti lakosai szükségleteit s így fölöslegessé teszi az ipar s kereskedelem közvetítését, csak két főága lehet a lakosság foglalkozásának: a földművelés és az állattenyésztés.

A magyar, az egykori pásztornép, mióta mai hazájában állandó hazát talált, mindenha a *földművelést* űzte legfőbb foglalkozása gyanánt. A pap és nemes földesúr volt, a jobbágy földműves, az ország agrárállam. Szerzőnk világos képét rajzolja ennek; mikor a magyar köznemesség forrong a Miksával 1491-ben Pozsonyban kötött szerződés ellen, Bakócz Tamás — szerzőnk szerint — azzal menti a főurak eljárását, hogy már nagy szükség volt a békére, «mert a hosszas háborúk kizsákmányolták a jobbágyokat, pedig hát ezek munkájából élnek és merítik erejüket mind az egyházi, mind a világi rendek».[3]

A földművelők munkája azonban nem csupán az egyszerű szántás-vetésre szorítkozott, hanem a magasabb rendű borászatot és gyümölcstermelést is a maga körébe vonta.

Bortermelésünket Bonfini kiváló figyelmére méltatja, s adatainak a többi egykorú forrás adataival való egybevetése igazolja, hogy igazat írt.

---

[1] «Preciosissima regio, et auri, vini, frumenti, pecorum, omniumque rerum feracissima.» 209. II. 1. — «Omnium rerum, quas lautissimus vitae modus exposcit, prae caeteris feracissima.» 567. IV. 1. V. ö. 3. I. 1.

[2] «Quam quidem regionem olim Hungari, ab auri feracitate, Kenchies Herdell apellavere.» 202. II. 1.

[3] «Agricolis, quorum laboribus tam sacri quam prophani ordines se alerent ac tuerentur, spoliatis» ... etc. 718. V. 2.

Abból, hogy különösen a *szerémi*[1] és *budai*[2] bor kiválóságát emeli a többi fölé, joggal következtethetjük, hogy Mátyás asztalánál különösen ezt a két bort kedvelték, még pedig a budait vörös, a szerémit fehér bor gyanánt. Ezen föltevésünket igazolja az a körülmény, hogy épen a szerémi bor volt a török hódoltság előtt évszázadokon keresztül az ország legédesebb, legzamatosabb és legdrágább bora,[3] a budai pedig az egrivel együtt a magyar föld legkitünőbb vörös bora.[4] A budai bor különösen erős és hamarosan részegít, a minek okát szerzőnk abban leli, hogy közel vannak Buda kéntartalmú forrásai.[5] Ez a megokolás annyiban érdekes, hogy mások is, mint Bertrandon de la Brocquière is épen így magyarázzák a budai bor különös erejét.[6]

Buda nemcsak minőségileg, hanem mennyiségileg is kiválóan bortermelő vidék: mikor V. László király Hunyadi Lászlót lefejeztette, «rettegett a nép és a parasztok boszujától, a kik megszámlálhatatlan mennyiségben özönlöttek Budára, a szőlők művelésére».[7] Egyébként országszerte bő a bortermés,[8] még a Pozsega[9] körüli mocsaras és a Zengg melléki[10] sziklás talajon is.

---

[1] Salamon király, bukása után magányában :... «pro Syrmico saepe vino palustrem aquam» (szerémi bor helyett posványos vizet) kénytelen inni. 255. II. 4.

[2] 25. I. 1. és 522. III. 8.

[3] *Wenzel* Gusztáv, Magyarország mezőgazdaságának története. Budapest, 1887. 185—186. és 311—312. ll. Dr. *Herczegh* Mihály : A bortermelés hazai fejlődése. (Magyar Gazdaságtörténeti Szemle. I. [1894.] 112. l.) V. ö. M. Gazdaságtört. Szemle. IV. 92. l. *Galeotto*, De dictis etc. c. 27. *(Schwandtner,* I. p. 557.)

[4] *Wenzel*, i. m. 312—313. ll. *Herczegh*, i. m. i. h. Megjegyzendő, hogy *Bertrandon de la Brocquière* Budának nem vörös, hanem fehér borait dicséri. (Brüssz. okmányt. IV. 311. l.) V. ö. *Galeotto*, De dictis etc. c. 31. *(Schwandtner,* I. p. 563.)

[5] «Pilisiensis conventus — montana quidem regio, et tota vinifera, et ob calidas aquas sulphureum fert vinum, quod tumulentiam facile ciet.» 25. I. 1.

[6] «I croisit plus de vins blancs que autres, lesquels sont ung peu ardants, et dit on, que ce vient a cause de des baings chauds, qui sout la autour, qui passent par lieux plains de soulffre.» *Brüssz. okmt.* IV. p. 311.

[7] 522. III. 8.

[8] L. fönnebb a termékenység általános jellemzésénél.

[9] «Regio vini feracissima.» 735. V. 4.

[10] «Saxosa quidem regio, gregibus tantum vinoque pollens.» 89. I. 6.

A visegrádi congressus (1355.) fejedelmi vendégei alig győzik dicsérni a magyar bor és gyümölcsfélék bámulatos bőségét;[1] s a magyar király, ha külföldi jó ismerőseinek kedveskedni akart, egy-egy szállítmány borral lepte meg, mint például Mátyás király Miksa osztrák főherczeget, kinek egy alkalommal, 1490. tavaszán, négyszáz kád bort küld Linczbe ajándékul.[2] Zsigmond királynak is a magyar bor ízlik a legjobban; még külföldön jártában is hazánkból küldet bort maga után.[3]

Az ellenség is kitünő prédának tartja a magyar bort. Albert lengyel herczeg, II. Ulászló öcscse, mikor trónkövetelőként hazánkra tör, Kassa környékéről 2000 kád bort küld haza Lengyelországba, ezenfelül sokat kiereszt és még többet katonáinak prédájára bocsájt.[4]

A bő bortermés a magyar hadviselésre is jótékony hatással volt: ezért birt a magyar vitéz tél idején is harczolni, a mit a bornemissza, vízivó török nem tudott megtenni.[5]

A bortermelésen kívül a *kertészet* és *gyümölcstermelés* is nagyon virágzó. A magyar földnek általános termékenységéről szólva láttuk már szerzőnknek ide vágó adatait: mennyire gazdag az ország a gabona- és takarmányféléken kívül hüvelyes veteményekben s gyümölcsfélékben,[6] mennyire csodálják a visegrádi congressus vendégei a magyar gyümölcs rendkívüli bőségét. Mátyás királynak budai,[7] pesti,[8] tatai[9] és visegrádi[10] kertjeire,

---

[1] «Nemo e Boemis Polonisque fuerat, qui vini et obsoniorum omnium abundantiam satis admirari posset.» 351. II. 9.

[2] 670. IV. 8.

[3] Robacius cseh rabló : «boves et vina, quae ex Ungaria ad Imperatorem advehebantur, intercipit». 430. III. 3.

[4] 717. V. 2.

[5] Szendrő ostrománál: «Accedit saevitia frigoris, quam prae vino et crapula multo facilius Ungarus, quam Turcus abstemius et hydropotes perpeti solet.» 606. IV. 4.

[6] 20 I. 1.; és Erdélyről: 209. II. 1. és 567. IV. 1. V. ö. *Galeotto*, De dictis, c. 27. (*Schwandtner*, I. p. 557.) Oláh, Hungaria, c. 18. (*Bél*, Adp. p. 33.)

[7] 655. IV. 7.

[8] U. o.

[9] 6. I. 1.

[10] 655. IV. 7.

továbbá vitéz Jánosnak esztergomi[1] kertjére való kiváló gondja
a bizonysága, mily nagy a magyarság érdeklődése a kertészet s
gyümölcstermelés iránt. Csak Beatrix kényeskedő izlését nem
elégítik ki a magyar kertészet termékei: a dinnye, cseresznye,
szilva, alma és körte, berkenye, som és gesztenye.[2] Valentini
Cesare, ferrarai követ, Eleonora herczegnőtől, Beatrix testvérétől
Olaszországból kér (1487.) Beatrix számára különféle gyümölcsöt
s zöldségnemüt: pármai sajtot, olajgyümölcsöt, gesztenyét és
hagymát.[3] Az ajándék csakhamar megérkezik, s Mátyás maga is
megörül neki, különösen a hagymáknak.[4] Ezen idegen fajok
termesztése érdekéből hív udvarához olasz kertészeket, részben a
konyha, részben a díszkertek művelésére, részben a földművelés
okszerűbb fejlesztésére.[5] Talán épen ezen Mátyás király behívta
olasz kertészek közvetítésének tulajdoníthatjuk, hogy a narancs,
czitrom, gránátalma és asztali füge Budán, a Mátyás halálát
követő években kereskedői úton is kapható volt.[6]

* * *

A magyarság ősfoglalkozásainak második hatalmas ága az
állattenyésztés volt.

Csodás bősége van hazánkban az állatoknak, különösen a
szarvasmarhának és lónak;[7] összes forrásaink igazolják Bonfini
idevágó, túlzónak látszó adatainak hitelességét.[8]

[1] 593. IV. 3. E kertekről, mint jó részben díszkertekről, a «Mindennapi
élet» cz. fejezetünkben fogunk bővebben szólani.
[2] L. *Wenzel,* Magyarorsz. mezőgazd. tört. 195—196. ll. és *Csánki* Dezső :
I. Mátyás udvara. Budapest, 1884. 127—128. ll.
[3] *Diplomatiai emlékek Mátyás korából.* III. 160. l.
[4] *Dipl. Eml. Máty. Kor.* III. 247—248. ll.
[5] «Quin et olitores, cultores hortorum, agriculturaeque magistri ex Italia
educti.» 653. IV. 7.
[6] II. Ulászló 1494—95. évi számadás-könyvének adatai *Csánkinál,* Mátyás
udv. 127—128. ll.
[7] «Pecorum mira foecunditas, in primisque boum et equorum». 20. I. 1.
V. ö. 24. I. 1., 209. II. 1., 567. IV. 1., 690. IV. 9.
[8] V. ö. *Oláh,* Hungaria c. 18. §. 4., 5. (Bél, Adp. p. 34.) ; *Bertrandon
de la Brocquière* (Brüssz. okmt. IV. 310. l.), *Ranzani* Ind. II. (Font. Dom.
IV. 154.) A középkori magyar állattenyésztés négy főága : szarvasmarha-, ló-,
juh- és sertéstenyésztés közül Bonfini a két utóbbi fontosságát nem emeli ki

Erdélyben, különösen a székelység vidékein, az állattenyésztés a földművelésnél is fontosabb,[1] a székelység épen azért adózik ökörrel, mert reá nézve ez az adózás legkönnyebb módja.[2] Rossz kezelés, belső zavarok miatt azonban néha-néha még e rendkívüli gazdagság mellett is szükséget lát az ország szarvasmarhában, igásbaromban, a «László szekere» rá a szomorú példa.[3] Az Anjouk századának nyugalmas fejlődése azonban e téren is érezteti hatását: Zsigmond már a lázongó husszitákat is azzal csitítja, hogy Magyarországból «mérhetetlen mennyiségű marhát» küld nekik,[4] — a magyar marha húsának kiválóságáról pedig azzal tesz bizonyságot, hogy külföldön jártában is magyar földről szállíttat maga után vágómarhát.[5]

Különösen a *ló* az az állat, a melynek tenyésztését a magyar, mint lovas katona, kiváló gonddal űzi. Míg pogány volt a magyar, lóval — kétségtelenűl legbecsesebb birtokával — áldozott Istenének: a legnemesebb részeket elégette az áldozat oltárán, a többi részt pedig maga költötte el.[6] A kereszténység általános elterjedése a lovat megfosztja ugyan áldozati nagy fontosságától, de mint harczi paripa mindenha kiválóan becsben állott. Szent László paripájának leírása alkalmával alkalma nyilik szerzőnknek a magyar harczi paripa rajzára: «nem annyira erejénél és gyorsaságánál fogva volt kiváló, hanem azon természeténél fogva, hogy urának akaratát és intését csodálatos módon megértette s az volt a szokása, hogy az ellenséget rugással és harapással zaklatta, urát soha el nem hagyta, s a legnagyobb veszedelemben bámulatos okosságot tanúsított».

kellően. V. ö. *Wenzel*, Magyarorsz. mezőgazd. tört. 214—226. ll. és 323—333. ll. és *Galgóczy* Károly : Adalék Magyarország mezőgazdaságának történetéhez. (Magy. Gazdaságtört. Szemle. I. 1—13. ll.)

[1] «Abundant pecoribus, et ex agricultura ac pastura victum trahunt.» 137. I. 7.

[2] «Divo Matthiae quibusdam temporibus domesticatim bovem solvunt.» 137. I. 7.

[3] 333. II. 8. V. ö. *Thuróczi* krónikája.

[4] 429. III. 3. Bonfini elbeszéléséből úgy látszik, hogy ez 1436-ban történt.

[5] 430. III. 3. V. ö. föntebb 46. lapon 3. jegyzet.

[6] Vatha fia János izgatására a nemzet : «rediit in daemonum devotionem, et equina carne vesci coeptum est». 223. II. 2. (A lótej ivásáról szerzőnk nem tesz említést.) V. ö. *Thuróczi*, II. 39. Schwandtner, III. p. 105.

Hogy ez a jellemzés nem csupán Szent László paripájára, hanem általán a magyar harczi lóra vonatkozik, egyrészt abból következtethető, hogy Bonfini közvetlen forrása, Thuróczi krónikája épen csak azt mondja meg Szent László lováról, hogy «Szög» volt a neve,[1] — másrészt általánosan ismert tény, hogy a magyar fajta ló csakugyan igénytelen, kicsiny, bár nemes vér.[2] Honfoglaló őseink mint külön magyar fajt hozták magukkal, eredeti minőségében azonban már sehol sem található, csakis elváltozott alakjában.[3]

Csak ily kiváló harczi paripákon szállhattak küzdelemre a magyar vitézek a szpáhikkal, «a kik lovaik gyorsasága s fürgesége folytán roppant erősek».[4] Csak nagy ritkán esett, hogy a magyar paripa gazdáját veszedelembe sodorta, mint például Várnánál, a hol a török teherhordó tevéitől megijedve, megbokrosodtak.[5]

Az erdőkben, a Kárpátok rengetegeiben vadon is tenyésznek a lovak, még Mátyás idején is. Szerzőnk érthetetlen naivitással azt írja, hogy a tatárpusztítás idején, a Mohi táborból menekült lovak vadultak el, s ezek ivadékai voltak azok a földig érő sörényű vad lovak, melyek az ő korában is nagy számmal találhatók a Kárpátok között.[6]

A mint a harczost paripája, úgy szolgálta a vadászt kutyája. Oklevelek és törvényczikkek tanusítják a kutyapeczérek (caniferi) fontosságát, kik a házi és pásztorkutyáktól különböző vadászkutyákat gondozták és be is tanították.[7] Ezen magyar szokás régiségére akar utalni Bonfini azon adatával, hogy Álmos herczegnek, a ki szenvedélyes vadász volt, bátyja, Kálmán király «ügyes, harapós és fürge kutyákat kerestetett mindenfelé, hogy kedvében járjon».[8]

[1] *Thuróczi* l. II. c. 49. (Schwandtner, I. p. 117.)
[2] V. ö. *Wenzel.* Magy. mezőgazd. tört. 93. l.
[3] *Galgóczy*, Adalékok a magy. mezőgazd. tört. (Magyar Gazdaságtört. Szemle. I. 8. l.)
[4] 469. III. 5.
[5] 489. III. 6.
[6] «Sylvestres facti sunt, ... quo quidem genere Carpathii adhuc montes abundant, jubati pedumtenus.» 329. II. 8. és 567. IV. 1.
[7] *Wenzel*, Mezőgazd. tört. 233. l.
[8] 272. II. 5. *Thuróczi* a kutyákat nem említi, csak egész röviden : «et dabat ei rex omnia ad venandum necessaria». (II. c. 60. Schwandtner, I. p. 136.)

A rengeteg *erdők* valóban pompás teret nyujtottak a vadász-szenvedélynek. Még az ország szivében, Vácz környékén is hatalmas erdőségek találkoztak,[1] a határszéleken, a Kárpátok hegyvidékén, valóságos ősrengetegek terültek el. Ezek hatalmas méreteiről fogalmat ad Bonfini fölfogása: Mátyás korában is úgy tartották, hogy a honfoglaló magyarságnak három hónapi erős munkájába kerül, míg a Kárpátokon — természetesen a legkönnyebben járható szoroson át — keresztül bírják vágni magukat.[2]

Az erdőkben, különösen az erdélyi részeken, olyan nagy *vadakkal* találkozik a Mátyás-kori vadász, a melyeket azóta a fejlődő kultura majdnem teljesen kiírtott: bölénynyel, medvével s vadon tenyésző lóval, melyek mind csodálatos gyors futásúak, sörényük egész a földre ér.[3] A bölény a tulajdonképeni Magyarországon már kiveszőben volt; Erdélyt illetőleg azonban — a hol 1775-ben, vagy 1814-ben lőtték az utolsót — egyéb forrásaink megerősítik szerzőnk adatát.[4]

Az erdőségek vadbőségével versenyre kél a folyó s állóvizek *halban* való gazdagsága.[5] A Tiszáról nem is szólva, a melynek csak kétharmada víz, egyharmada pedig csupa hal,[6] a Dunának halban való bőségét adja Bonfini egyik okául, hogy miért költöznek a magyarok Pannoniába.[7] A Balaton tava is, különösen Tihany körül, nagyon gazdag;[8] a Tisza és a Duna, föl egész

---

[1] «Magnum ibi nemus fuisse aiunt.» 243. II. 3., a mi azonban csak későbbi, mondai fölfogás. (*Pauler*, Árpádházi királyok kora, I. 1. 561. 1.) *Oláh*, Hungaria 10. (Bél, Adparatus p. 19.) a Vácz melletti Naszály-hegyeknek már nem nagyságát, hanem *szépségét* dicséri.

[2] 161. I. 4. *Anonymus* szerint c. 12. Álmos 3000 paraszttal vágat utat a Kárpátokon keresztül. V. ö. az erdők fontosságáról *Oláh*, Hungaria 18. (Bél, Adparatus p. 34.)

[3] «In sylvis iubati boves et uri, ac sylvestres etiam equi, utrisque eorum mira pernicitas; at equi iuba sunt ad terram usque demissa.» 7. I. 1.

[4] V. ö. *Szamota:* Régi utazások, 148. 1. 2. jegyz. *Wenzel*, Mezőgazd. Tört. 335. 1.

[5] «Neque deest amnicorum copia piscium.» 20. I. 1.

[6] *Galeotto*, De dictis ete. c. 6. (Schwandtner, I. p. 538.) *Oláh*, Hungaria, c. 4. és 18. (Bél, Adparatus pp. 6. 34.)

[7] «Danubii parentis commoda.» 162. I. 9.

[8] 25. I. 1.

Pozsonyig, vizában is bővelkedett.[1] A rák szintén nagy mennyiségben található, a mi Bonfinit arra az etymologiára csábítja, hogy Rákos mezejének nevét a rajta keresztül folyó patak rákban való gazdagságából származtassa.[2] A természet gazdagságát okszerű *halgazdasággal* iparkodtak még fokozni. Mátyás király tatai[3] és visegrádi[4] halastava, melyekben főként a csukát és a potykát tenyésztették, minőségileg is jótékonyan hatott halgazdaságunkra, s nemcsak itthon talál követőkre, hanem még Olaszországba is eljuttatja a magyar hal jó hirét: a milanói herczeg megkisérli a Lago di Comoban a magyar mennyhal tenyésztését.[5]

A növény- és állatvilág gazdaságán felül *ásványokkal* is dúsan megáldotta a természet hazánkat. Munkás kezek — bár legtöbbnyire nem magyarok — ezeket a föld méhében rejlő kincseket is fölkutatják és értékesítik nemzetünk gazdasági életében. Szerzőnknek elég számos idevágó adata egymagában is bizonyítéka, mily fontos ága volt Mátyás-kori nemzetgazdaságunknak a bányászat. Egyébként ismeretes, hogy bányászatunk ép e korban olyan kitünő, hogy külföldiek: oroszok, angolok és francziák követendő mintának tartják.[6]

A magyar föld általában nagyon gazdag e tekintetben: arany, ezüst, drágakő, só, festőanyag nagy mennyiségben található benne.[7]

Arany-ezüst bőven terem az ország hegyeiben-folyóiban egyaránt. Az éjszaki hegyvidéken Körmöcz, Selmecz, Zólyom és

---

[1] «Quinquaginta piscium corpora, insanae magnitudinis, quos Usones appellant», adnak a magyarok III. Henrik éhező seregének. (V. ö. *Thuróczi* krónikáját, II. 43. [Schwandtner, I. p. 110.]) A vizáról l. *Wenzel,* Mezőgazd. tört. 235. l. és dr. *Takács* Sándor közleményét: Gazdaságtört. Szemle. VII. 92. l.

[2] «Campum Rakosi... nomen a cancro inditum adhuc servat.» 491. III. 7. = 243. II. 3.

[3] 197. II. 1.

[4] 655. IV. 7.

[5] *Galeotto,* De dictis c. 6. (Schwandtner, I. p. 538.)

[6] *Csánki,* Mátyás udvara, 13. l. 2. jegyz. és *Wenzel,* Magy. bányászat kritikai tört. 154—155. ll.

[7] 20. I. 1. L. föntebb 43. lap 6. jegyz. V. ö. *Oláh,* Hungaria c. 19. (Bél, Adparatus, p. 35.)

4*

Besztercze arany- s ezüstbányáiról nevezetesek;[1] Gömör rezet s ezüstöt termel bőven;[2] Tornamegye vasban, Zólyom aranyban-ezüstben bővelkedik;[3] Nagybánya szintén kiváló mennyiségű aranyat és ezüstöt szolgáltat.[4] Erdély gazdagsága különösen feltünő. «Aurifera Transsylvania»-nak nevezi el szerzőnk,[5] a mint hogy a magyarok «Kincses Erdély»-nek nevezték.[6] Itt nemcsak a hegyek méhe rejti bőven a nemes fémeket, mint pl. Radnán,[7] hanem «nem egy folyó aranyszemecskéket hord magával és néha másfélfontnyi arany-darabokat görget tovább».[8] A Körös folyó különösen gazdag, s ép a magával hordott aranytól kapta a nevét. (Körös = Chry-sus = χρύσος).[9]

De általában minden folyó bőven mossa az aranyat,[10] sőt «az aranytermő vidéken rakott szőllővesszőkről is néha-néha aranyat szüretelnek».[11]

Az «aranyszüretről» Galeotto és Ranzano szolgálnak bővebb fölvilágosítással:[12] Szerémben és Erdélyben a szőllőtőkére két arasznyi hosszú kacs alakjában fölfut a földből kivirágzott arany. Galeotto hozzáteszi, hogy ezt maga is gyakran látta; — mint ifjabb Vitéz János szerémi püspök vendége járhatott Szerém vidékén — s elbeszéli, hogy az ilyen aranyágacskákból gyűrüt készítenek s ezeket a szemölcsök ellen orvosságul viselik, s neki magának is van ilyen gyűrüje. A nép a XVIII. század végéig hitt e babonában; Rajmán Ádám eperjesi orvos 1718-ban még nem nagy eredménynyel iparkodik megczáfolni.[13]

---

[1] 7. I. 1.   [2] 27. I. 1.   [3] 27. I. 1.   [4] 20. I. 1.   [5] 256. II. 4.
[6] 202. II. 1.   [7] 320. II. 8.

[8] «Transsylvania auri et argenti feracissima, ubi amnes nonnulli aurea ramenta ferunt, aurique ramenta quandoque sesquilibralia trahunt.» 7. I. 1.

[9] «Chrysus fluvius, qui quum ramenta aurea deducet, ab auro nomen accepit.» 8. I. 1.

[10] «In plerisque fluminibus auri optimi ramenta iuveniuntur.» 20. I. 1.

[11] «Quin in vitibus in aurifero solo satis aurum quandoque legunt.» 20. I. 1.

[12] Galeotto, De dictis, c. 57. (Schwandtner, I. p. 557.) Ranzano, Ind. II. (Fontes Dom. IV. p. 154.)

[13] V. ö. Bruckner Győző: Galeotto Marzio «De egregie etc.» cz. műve mint művelődéstörténeti kútfő. Budapest, 1901. 75. l.

A *sót* legnagyobb részt Máramarosban bányászták, még pedig oly nagy mértékben, hogy egész Magyarországnak elegendő lehetett.[1] A kivágott kősót a Tiszán úsztatták lefelé, s úgy hordták szét az országban mindenfelé.[2] Máramaros mellett jóformán egyetlen más helyen sem válhatott jelentékenyebbé a sóbányászat, csupán Gyulafehérvár jöhetett figyelembe mellette.[3]

Ásványos vizekről csupán egy alkalommal találunk szerzőnknél említést: Máramarosban, valahol a Tisza forrásánál olyan víz volt található, a melyben a beledobott vas megrezesedett.[4] Értesítése azonban helyrajzi tekintetben nem helyes, későbbi írók valahova Szepesmegyébe teszik az említett ásványtartalmú vizet.[5]

Bányáink művelését illetőleg Bonfini művében Radnán leljük az első nyomot: a német bányászok a tatárpusztításnak áldozatul esnek.[6]

Ezután századakon keresztül, egész Mátyás koráig, semmi nyoma bányaművelésünknek szerzőnk művében.

Mátyás ezernyi nagy kiadásai fedezésére nagy gondot fordít jövedelmeinek ezen fő forrása. Rendesen maga kezelteti bányáit házilag, mert ha egy-egy részüket bérbe adja, kevesebb a jövedelme belőlük.[7] Személyesen utána néz, hogyan kezelik őket tisztviselői: mikor Beatrix királynéval az országot bejárja, Körmöczre s Zólyomba is ellátogat. «Megnézték az arany-ezüstbányákat, megcsodálták a módját, mint ássák ki a földből, mint

---

[1] «Sal *marmoris instar* effoditur, et tanta quidem copia, quanta universae Scythiae satis esse posset.» 7. I. 1. Majdnem ugyanezen szavakkal ír *Bertrandon de la Brocquière* is: «il samble, que ce soient *pierres*» és különösen kiemeli, hogy a magyar só igen szép fehér, s finomabb és jobb bármely más sónál. (Brüssz. okmtár. IV. 313. és *Szamota :* Régi utazások, 94—95. ll.) V. ö. *Oláh*, Hungaria, c. 19. (Bél, Adparatus. p. 36.)

[2] «Tibiscus, cuius accolae sales fossiles e Marmacia in Danubium devehunt.» 27. I. 1.

[3] 7. I. 1.

[4] ... «aqua invenitur, in qua demersum ferrum vertitur in cuprum.» 7. I. 1.

[5] *Oláh*, Hung. c. 19. (*Bél*, Adparatus. p. 36.): «Dicunt in Scepusio, in quo etiam vitriolum destillat, esse fluviolum, qui ferrum injectum in formam et materiam cupri transmittat».

[6] 320. II. 8. = *Rogerius*, Carmen Miserabile, c. 20. (Font. Dom. IV. p. 59.)

[7] *Csánki*, Mátyás udvara, 13. l.

törik össze, mint mérik szét s olvasztják meg az aranyat, a mit azelőtt még sohasem láttak».[1]

Az 1486-iki nagy törvényhozás idején a bányaművelés terén is nagyfontosságú intézkedés történik. Kimondja a törvény, hogy ha valakinek birtokán arany-, ezüst-, só-, vagy más egyéb bányát találnak, a király csak megfelelő ellenszolgáltatás fejében veheti át, ha azonban semmit sem akar rá költeni, minden haszon a föld tulajdonosát illeti.[2] Az óvó intézkedésre szükség volt: Mátyásnak volt hajlandósága az ellenkező eljárásra, mint a példa mutatta: Vitéz János 1471-iki összeesküvésének egyik oka az volt, hogy a király lefoglalta az érsek bányatizedét (pisetumát), «a mi nagy értékű volt».[3]

Természetes, hogy az érsek bányatizede csakis nagyforgalmú bányászat és pénzverés esetén lehetett «nagy értékű».

A bányatermékek földolgozását az iparművészetről szóló fejezetben fogjuk bővebben tárgyalni.

A természetnek áldásai mellett azonban csapásai sem maradtak el. A kitünő éghajlat ellenére is többször a *fekete halál* pusztítja az amúgy is gyér lakosságot. A tatárjárást pestis és éhség követi, ezek ölnek meg ezer, meg ezer embert, a kik a tatárfegyvereket vagy fogságot szerencsésen el tudták kerülni.[4] A fekete halál szörnyű pusztítása zavarja Nagy Lajos áldásos uralkodását is.[5] Mátyás alatt, 1478-ban, újra országszerte dühöng; maga a király erdőkbe, egészséges vidékekre menekül előle, még nejétől is visszavonul, hogy csak valamiképen meg ne kapja a betegséget.[6] Két év mulva újra nagy pusztítást okoz a pestis.[7] Bécs-Újhely ostroma folyamán nagyban tizedeli a magyar tábort;[8] 1496 augusztusában újra valami járványos betegség dúlja

---

[1] 623. IV. 5.
[2] 651. IV. 7. = Mátyás 1486-iki decretuma, 49. czikkely. (*Corpus Juris Hung.* Budapest, 1900. I. 446. l.)
[3] «Fodinarum auri decimas, quae Urburae vocantur, quae magni fuerant momenti» etc. 589. IV. 3.
[4] 328. II. 8. = *Thuróczi,* krón. II. c. 74. (*Schwandtner,* p. 150.)
[5] 377. II. 10. = *Küküllei* János krónikája. c. 50. (*Schwandtner,* I. p. 196.)
[6] 630. IV. 5.
[7] 640. IV. 6.
[8] 667. IV. 8.

hazánkat,[1] a mely elől II. Ulászló az ország különböző részeiben vadászva keres menekülést.

Majd *sáskák s egerek* teszik tönkre a szántó-vető reményeit.[2] Károly Róbert uralkodása idején, 1336-ban szörnyű nagy pusztítást okoztak. «Szerém felől oly nagy mennyiségben szállották meg az országot, hogy a gabonafélékből, fákból s földekből semmit sem hagytak meg; csak a szőllőt nem bántották, minden várakozás ellenére. Azután a harmadik esztendőben Lengyelországot, Ausztriát és Csehországot özönlötték el; majd két csapatra szakadva, Olasz- és Francziaországba széledtek el.»[3] Tíz év mulva, Nagy Lajos idejében újra pusztítanak, s velük egyidőben a pestis, földrengés és egérpusztítás sújtja hazánkat.[4]

Majd ismét a *szárazság* teszi tönkre a vetéseket. 1474-ben «a szokatlan szárazság folytán a különben mindig bővizű források is kiapadtak».[5] Pár évvel utóbb,[6] 1478-ban és ismét 1493-ban(?)[7] oly nagy a szárazság, hogy a Száván gázlókon, a Dráván pedig száraz lábbal át lehetett járni, úgy hogy a hajózás elakadt, másrészt pedig az ország nyitva állott a portyázó török csapatok előtt.

Nem kevesebb ártalmára volt a termésnek a *fagy* és a kemény tél. Emlékezetes kemény tél volt 1441/42. között,[8] de különösen 1491-ben, mikor Kassa körül a trónkövetelő Albert lengyel herczeg ellen küzdöttek. A magyar tábor roppant sokat szenvedett a rendkívüli fagytól. Ember, ló, marha rakásra hullott megfagyva. Egyik nap egyszerre száz ember megfagyott az erdőben, mikor a tábortüzekhez fát akartak vágni. Az emberek összebújtak az állatokkal, hogy ezek meleg lehellete mentse meg

---

[1] «Foeda afficiente Ungariam pestilentia» ... etc. 748. V. 5.

[2] L. *Rodiczky* Jenő dr.: A sáskajárások történetéhez. (Magy. Gazdaságtört. Szemle. I. 27—29. ll.)

[3] 351. II. 9. = *Thuróczi*, II. c. 98. (*Schwandtner*, I. p. 166.)

[4] 377. II. 10. = *Küküllei*, c. 50. (*Schwandtner*, I. p. 196.)

[5] 602. IV. 3. Más források 1473. évre teszik ezt az emlékezetes szárazságot. (*Wagner:* Analecta Scepusiana, Excerpta ex chronicis Scepus. II. p. 12. ad. a. 1473.)

[6] 629. IV. 5.

[7] 735. V. 4.

[8] «Uladislaus, insequentis anni principio, quamvis fame hyemisque saevitia laboraret Ungaria», gondoskodik a török megtámadásáról. 461. III. 5.

őket a megfagyástól. A hó oly magas volt, hogy a táborból
sehogy sem lehetett kijutni. Nagyban sulyosbította a helyzetet,
hogy a dühöngő szél rendesen teljesen magával hordta a tábor-
tüzeket, s oly nagy volt az ereje, hogy a sátorokat fölkapta, s
majd hogy az embereket s állatokat is magával nem ragadta.[1]
Az ily fajta természeti csapások következménye a gyakori
országos *éhinség.* Hazánk, mint jóformán tisztán agrárállam,
nagyon megérezte, ha csak egy-egy évben is rosszul fizetett a
termés, hisz az ipar s kereskedelem alig segíthetett valamit, ha
legfőbb s majdnem kizárólagos gazdasági forrása: a termés nem
volt kielégítő. Mily rettenetes országos csapásnak kellett lennie
egy-egy éhinségnek, hogy még a különben oly szűkszavú, s a
mindennapi élet gondjait alig érintő krónikák is följegyzésre
méltónak tartották!

Éhinséget szenvedett hazánk I. Géza első évében,[2] majd
II. Géza idején, a mikor «az ország lakosságának nagy része
elpusztult miatta»,[3] a tatárjárás után[4] és jóval későbben, I. Ulászló
alatt, bár már nem oly nagy mértékben.[5] Az ideig-óráig tartó
éhinségen felül néha az *általános elszegényedés* sokkal szomorúbb
jelenségével is találkozunk: Kún László idején, melyet a «László
szekere» jellemez leginkább;[6] és századokkal utóbb, V. László
korában, a mikor Hunyadi János Belgrádot védelmező seregének
hiányos fölszerelése mutatja az általános elszegényedést: «Inkább
lélekben, mintsem testileg voltak fölfegyverezve, csak karddal s
lándzsával védekeztek, s csak keveset védett sisak vagy pánczél».[7]

Az általános nyomorúság perczeiben fölütötte fejét az a
jelenség, a mit ma «socialis problema» néven ismerünk. A társa-
dalmi viszonyok javítása a kiváltságolt osztályok önérdeke miatt
békés úton nem történhetett, az elnyomottak tehát erőszakhoz

---

[1] 709. V. 1.
[2] Maxima Pannoniam fama invasit 251. II. 4. = *Thuróczi,* II. 45.
(*Schwandtner,* I. p. 128.)
[3] ... «Saeva fames,... qua vulgo grassante, maxima pars hominum est
absumpta. 289. II. 6.
[4] 328. II. 8. = *Thuróczi,* II. 74. (*Schwandtner,* I. p. 150.)
[5] 461. III. 5. L. fönnebb 55. lap 8. jegyz.
[6] 461. III. 5.
[7] 514. III. 8.

nyulnak: Zsigmond uralkodása végén Erdélyben *jobbágylázadás*
tör ki, «a mely semmivel sem volt kisebb, mint valamely rab-
szolga- vagy polgárháború». «A rabszolgaság megszüntetésének
jelszavával»[1] törnek a földesurakra, kiknek győzelmét, mint
1514-ben, a vak boszú kegyetlensége követi, a nélkül, hogy a
társadalmi bajokat orvosolhatta volna. Mert úgy látjuk, hogy a
kiváltságos osztályok ellen való gyűlölet, mely a jobbágyokat
lázadásra vitte, a hadseregben is lábrakapott: a hosszú hadjárat-
ban, mikor Brankovics mindenáron rá akarta bírni I. Ulászlót és
Hunyadi Jánost, hogy még ne térjenek haza, a katonák nyiltan
fölzúdultak s azt hangoztatták, hogy a vezéreknek s kapitányok-
nak mindenük bőven van, hanem ők majd hogy éhen nem
halnak, nem is harczolnak hát tovább a török ellen.[2]

Nemzetünk szerencséjére a magyar föld áldott termékeny-
sége folytán ezen elszomorító jelenségek mégis ritkaság számba
mentek. *Általában jólétnek* örvendett a magyar s volt idő, mikor
jólétét s boldogságát valamennyi szomszédja csak irigy szem-
mel nézhette. Így volt ez I. Béla idején. «A nemesség s a köz-
nép rövidesen oly nagy gazdagságra tett szert, hogy még a leg-
utolsó paraszt sem szenvedett szükséget s a szomszéd népek
közül, bármily hosszú nyugalmat élvezett légyen is, nem volt
egy sem oly gazdag, hogy a magyarok dúsgazdagságához lehe-
tett volna hasonlítani.»[3] Egyébként több ízben olvastuk már
Bonfininak bámuló nyilatkozatait a magyar föld kellemes éghaj-
latáról s kiváló termékenységéről, a mely tényezők hazánk min-
den lakosa állandó jólétének voltak mindenha biztos alapjai.

* * *

Ezen az áldott földön élt a magyar faj békés egyetértésben,
de kétségtelen hegemoniával a nemzetiségekkel.

---

[1] «Sub praetextu exuendae servitutis»... etc. 426. III. 3. Lényegében
v. ö. *Thuróczi* IV. 22. *(Schwandtner,* I. p. 235.)

[2] «Vulgo his obstrepere legiones et obclamitabant, non duces et
praefectos, quibus nihil deest, sed milites fame confici.» 478. III. 6. E had-
járatot szerzőnk Hunyadi katonáinak elbeszélése után írja meg: «a nonnul-
lis Corvini militibus audivimnus». U. o.

[3] 232. II. 3. = *Thuróczi,* II. c. 45. *(Schwandtner,* I. p. 113.)

A *magyar faj* Mátyás koráig nem sokat vesztett még abból a szilaj őserőkből, a melylyel Árpád magyarjai elfoglalták s unokáik csaták viharain megtartották ezt a szép hazát. A magyar *testben erős :* «Pannonia, lakosainak testi ereje dolgában semmi más földnek nem engedi át az elsőséget».[1] Külső megjelenésében *nyers,* azért — mondja szerzőnk — a dalmaták, kiket hegyeik zordonsága nyerseséghez szoktat, szivesebben hajolnak a magukéhoz hasonló nyerseségű magyarokhoz, mint a velenczésekhez.[2] Nagy Lajos hódító magyarjait a nápolyiak ezért nem türhetik maguk fölött úr gyanánt,[3] viszont a magyarok, «kik nem ismerik a műveltséget s az élet élvezeteit», haszontalan pénzpazarlásnak tartják Mátyás királynak olasz tudósaira s művészeire költött nagy kiadásait.[4]

A nyerseség ez élénken szinezett rajzát olvasva s különösen, mikor az Albert király halálát követő polgárháborúk elbeszélése folyamán a «magyar faj barbár vadságáról» hallunk beszélni, «a mely annyira megveti az egyetértő, békés életet», nem kell felednünk, hogy ezek egy kényeskedő és pártszenvedélytől elragadott olasz sok animozitással megírt frázisai. Bonfini, az udvari párt alázatos szolgája, meg nem állhatta, hogy a legnagyobb sértéssel ne illesse: parasztsággal ne vádolja a nemzeti párt büszke magyar urait, kik még tőle, a szerény tudóstól is sajnálták a mindennapi kenyeret. Többször kifakad hát ellenünk, általában azonban imponál neki a magyar faj számtalan sok jó tulajdonsága.

Mert a magyar, kissé rideg külső alatt, rendkívül becses tulajdonságokat s nemzeti erényeket rejtett magában.

Szabadságszeretete első sorban az, a mi szerzőnk figyelmét leköti. «A scythiai faj, különösen a magyar, a ki megszokta, hogy a saját földjén, sőt a másokén is széltében uralkodjék, nem tűri az igát s háborúban győzhetetlen lévén, nem egykönnyen

---

[1] «Pannonia nulli terrarum regioni, hominum robore... cedens» etc. 24. I. 1.

[2] 267. II. 5.

[3] «Aegerrime ferebant Itali parere alienigenis, ac vel maxime Ungaris, quorum asperitatem abominabantur.» 363. II. 10.

[4] «Contra Ungari politicae culturae ac deliciarum expertes, haec omnia aegre ferre, insanos damnare sumptus.» 654. IV. 7.

A FÖLD ÉS NÉPE. 59

lehetne leigázni.»¹ Csak az uralkodhatik jól rajta, a ki keményen
tartja; János nagyváradi püspök, a II. Ulászlót fogadó küldöttség
szónoka, nyiltan értésére adja az új királynak: «Csak arra az
egyre figyelmeztetünk, midőn e harczias és kemény nép gyep-
lőit kezedbe veszed, hogy a magyarokat nem engedékenységgel,
hanem szigorú erélylyel lehet csak féken tartani, nem kegyeske-
déssel s a bűnök elnézésével, hanem vasvesszővel lehet csak
engedelmességre szorítani».²

Megható példákban nyilvánul a magyarnak *hazája s nem-
zete iránt való törhetetlen ragaszkodása és szeretete.* Podmaniczki
Balázs, ki a hazánkat dúló cseh seregben kapitány volt, mikor
meghallotta, hogy a csehek Nagyszombat ellen készülnek hadat
járni, előállott, kijelentette, hogy kész velük menni akármerre,
csehre, lengyelre, németre, hanem a saját hazája ellen fegyvert
fogni istentelenség lenne s ő erre semmiért sem szánja rá magát.
Menjenek hát másfelé, vagy őt ereszszék el maguk közül. A mint
elbocsájtották, egyenesen Nagyszombatba ment a várkapitány-
hoz, hirül adni a csehek szándékát.³

A fajszeretet kiváló példáját adta Mátyás király is, mikor
Ázsiában visszamaradt véreinket oly nagy gonddal, bár sikertele-
nül igyekezett közénk áttelepíteni.⁴

A magyar *büszke* a maga nemzetére.

Mikor Salamon királyt a herczegek hatalmas karja össze-
törte, Nyitrára vette be magát. A herczegek serege itt is körül-
vette. Salamon egyik jó vitéze, Bátor Opos ki-kitör a várból,
győzelmesen bajt vív a magyar vitézekkel s mindig nagy diadal-
lal tér vissza Nyitra várába. IV. Henrik császár megkérdezte
Salamontól, hogy vajjon odaát, Géza és László seregében van-
nak-e ily kitünő vitézek? Salamon e perczben megfeledkezett

---

¹ «Jugi impatiens, et bello indomita, haud quaquam facile perdomari
potest.» 168. I. 9.
² 690. IV. 9. — A beszéd Bonfini koholmánya, jellemző ereje azonban
így is megmarad.
³ 565. IV. 1.
⁴ «Divus quoque Matthias noster, huiusce rei non ignarus, quam a
Sarmaticis quibusdam marcatoribus acceperat, legatos illuc et exploratores
misit, quibus cognatam gentem, si posset, in Pannoniam populis diuturno
bello haud parum exhaustam alliceret.» 40. I. 2.

helyzetéről, érdekeiről; elkapta a nemzeti önérzet s azt felelte a hatalmas császárnak: «Vannak bizony, még jobbak is!» «Ha ilyen ellenségeid vannak — felelt a császár — akkor ugyan soha sem kapod vissza országodat.»[1]

A mily nagy a magyar nemzeti önérzete, ép oly kicsinyléssel, sőt megvetéssel tekint az *idegenre.* A székelyek nem házasodnak idegen nemzetiségűekkel, «hogy vérüket be ne mocskolják»[2] és a hagyomány föntartotta az emlékét, mennyire meggyülölték az igaz székelyek Csabát, a miért görög leányt vett feleségül, «mert úgy látszott, hogy ezzel a saját vérét megfertőztette».[3]

Különösen nem sokra becsülte a magyar szomszédjai közül az *olaszt* és gyülölte a németet.

Kálmán, mikor a tengerparton hódító hadat jár, szerzőnk szerint azzal buzdítja kitartásra magyarjait, hogy nem rendes katonasággal, hanem holmi halászokkal van csak dolguk (a velenczésekkel) s ezeknek a halevőknek a vakmerőségét nem kell tovább türniök, hisz máris annyira elbízták magukat, hogy az egész dalmát partvidéket bírni óhajtják.[4]

«Halrágók, halfogók», mondták a magyarok később, III. István idején is a velenczésekre, «a kik jobb szeretnek embereket, mint halakat hálójukba keríteni».[5]

A *német* ellen örökös volt a magyar gyülölete. Szerzőnk leplezetlen nyiltsággal szól róla: Albert halála után az I. Ulászlópártiakban «nem hiányzott az örökös s velükszületett gyülölet, melylyel a magyar a német ellen volt»[6] s Mátyás és Frigyes

---

[1] 260. II. 4. = *Thuróczi,* II. 54. *(Schwandtner,* I. p. 127) s az összes többi krónika.

[2] «Hi adhuc sua matrimonia externis non communicant, ne proprium sanguinem inficiant.» 137. I. 7.

[3] «Csaba Scythis contemptui haberi cepit,quandoquidem suum sanguinem infecisse videbatur.» 137. I. 7. = *Thuróczi,* I. 24. *(Schwandtner,* I. p. 78.)

[4] «Sibi non cum veterana legione fortique milite, sed cum piscatore rem esse. Neque Ichtyophagorum insolentiam ultra tolerandum esse.» 260. II. 5.

[5] «Ichtyophagi et piscatores..., qui magis captandis hominibus, quam piscibus incumberent.» 295. II. 6.

[6] «Neque deerat ingenitum ac sempiternum odium, quod Pannonicum cum Alemanno semper intercesserat.» 487. IV. 4.

császár háborúskodásainak egyik okául szerzőnk «a magyarok és németek egymás ellen való örökös és természetükké vált gyülöletét» adja.[1]

Oly nagy néha az ellenszenv az idegenek ellen, hogy Szentgyörgyi János erdélyi vajda a lázadóktól elfogadja a királyi czímet, «mert — mint később Mátyás előtt védőbeszédében előadta — a fölkelők azzal fenyegetőztek, hogy máskülönben oláhot, lengyelt vagy ruthént ültetnek a királyi székbe», a mit jó magyar létére mindenképen meg kellett gátolnia.[2]

Sőt néha-néha Mátyás király oláh származása ellen is fölhangzott a gúnyolódás. «Némelyek korcsszülöttnek nevezték, mert különböző nemzetiségű szülőktől származott s voltak a nagy urak közül, a kik azt hajtogatták, hogy nem kell türni egy oláh királyocskát.»[3]

A mikor azután az idegen ellenségből jó barát válik s a magyar földet művelve, részesévé válik a nemzet örömének-keserűségének, a magyar kicsinylő lenézése is szeretetté változik át iránta: szeretett vendégként látja területén a németet, olaszt, oláhot, kúnt, bessenyőt. A tótokról szerzőnk egy szóval sem emlékezik, jeléül annak a végtelenül elenyésző politikai s művelődési szerepnek, a melyet történelmünk régibb századaiban játszottak.

A *németek*, mióta a kereszténység a magyart a nyugoti művelődés részesévé tette, mindenha fontos tényezőként irányították nemzeti történelmünket.[4]

Hunt, Páznán és Veczellin: német lovagok segítik első szent királyunkat végleges győzelemre a pogányság fölött.[5] Péter

---

[1] «Ingenitum aeternumque Ungari et Alemanni odium.» 611. IV. 4.

[2] 569. IV. 1.

[3] «Nonnullos Hibridam appellasse, quem dissimilis linguae parentes ediderint, in primis citerioris Ungariae proceres dicere, Valachum regulum non esse ferendum.» 542. III. 9.

[4] Betelepülésük korát, irányát stb. Bonfini nem ismeri, hanem azt tanítja, hogy a szászok Nagy Károlytól kapták erdélyi területeiket, kárpótlásul Nagy Károly szász hódításaiért. (637. IV. 6.) Ez a tétel különben tudós körökben, általánosan el lehetett terjedve. *Oláh* Miklós (Hungaria, c. 14., *Bél*, Adparatus, I. p. 26.) ugyanezt írja s még hozzáadja: «quod verum esse arguit, linguae utriusque consonantia».

[5] 201. II. 1. = *Hartvic*, c. 6. (Font. Dom. I. p. 39.)

királyt szerzőnk közvetlen forrása: Thuróczi krónikája után szintén németnek tartja.[1] Alatta a németek nagyon is uralomra kapnak, mert maga a király fenyegeti a nemzetet, hogy a főbb méltóságokat, a polgári s katonai tisztségeket németekkel tölti meg, úgy hogy a magyarok számára a legkisebb hivatalocska sem marad meg, sőt az egész országot a németek hatalma alá veti.[2] A nemzeti visszahatás természetesen nem maradhatott el s kegyetlen üldözésben nyilvánult.[3] Hanem azután elcsendesül minden, mikor a németek a politikai szereplés teréről a csendes munkálkodásra térnek át. Ott találjuk őket az ország minden részében: Pozsonyban,[4] Kassán,[5] Radnán a bányák művelésénél[6] s Várad közelében[7] az ipar, kereskedelem, földművelés szolgálatában.

Majd föltünnek a csatatéren: Nagy Lajos idejében Zára ostrománál,[8] utóbb a nápolyi hadjáratokban Volfard és öcscse, Konrád vezetése alatt;[9] Hunyadi János táborában nevelődik jó vitézzé Fradnahar Pál, ki később is mindig a nagy hős fiaival maradt;[10] Kenyérmezőn pedig a szászok maguk kérik, hogy az első sorban ők harczolhassanak a török ellen.[11]

A mint azután az első Habsburg király Magyarország trónjára ült, mintha Péter király kora újult volna meg a németekre nézve, a politikában is újra éreztetni akarják erejüket. Budán a magyar s német polgárság évről-évre fölváltva magyar s német bírót választott. A németek, Albert elnézésében bizakodva, ki akar-

---

[1] 214. II. 1. «Petrus, Stephani ex Sorore nepos et Guilielmi filius, Alemanico genere natus» = *Thuróczi*, II. c. 35. *(Schwandtner,* I. p. 99.) *Mátyás* Flórián: Korunk történetírói s a tudomány (Kath. Szemle, 1896. 256. l.) az összes források egybevetése alapján Pétert német s nem olasz származásúnak tartja.

[2] 217. II. 2.

[3] 223. II. 2. = *Thuróczi,* II. c. 35. *(Schwandter,* I. p. 99.)

[4] «Civitas quum ab Alemannis incolatur» ... etc. 287. II. 6.

[5] «Ubi cives Saxonia oriundi Omodem palatinum interfecerunt.» 344. II. 9.

[6] 320. II. 8. = *Rogerius,* c. 20. (Font. Dom. IV. p. 59.)

[7] 325. II. 8. = *Rogerius,* c. 34. (Font. Dom. IV. p. 76.) Rogerius menekülése közben «Tamáshidára, a németek falvába» érkezik.

[8] 360. II. 10.

[9] 362—64. II. 10.

[10] 521. III. 8.

[11] 637. IV. 6.

ják játszani a magyarok bíróválasztójogát s Ötvös Jánost, a magyarság lelkes vezérét a Dunába fojtják, a mi kegyetlen öldöklésre vezetett.[1] I. Ulászló kénytelen volt Pákány és Kigyós várának német őrségét kizárni, mert ellene lázadt a Habsburg királyfi: V. László védelmében[2] s később V. Lászlónak szándéka volt, legalább a magyarok vádolták vele, hogy német őrséget akar rakni a magyar várakba.[3]

Maga Mátyás, mikor az 1470/71-iki összeesküvés meggyőzi, hogy a magyar főpapokban s főurakban sem bízhatik meg föltétlenül, mind az egyházi, mind a világi főméltóságokat nem egyszer németekkel tölti be: Beckensloer ül Vitéz érseki székébe[4] és Pruisz János Várad püspöki székébe.[5] Ezen kiváló szerepre jutott német kitünőségek mellett vannak a névtelen, csendes munkásságú németek ezrei, úgy hogy mikor Bátori István ellenezte a háborút Frigyes ellen, Bonfini a következő túlzó megokolást adja ajkaira: «Nem osztrák, hanem testvérháború lesz ez a háború. Melyik városunk nincs tele németekkel? Melyeket nem a németek műveltek, szerveztek, diszítettek házakkal s szép épületekkel? Nincs egy városunk, egyetlen egy falunk sem, a melyben német ne laknék. Bár ne igazság, hanem hazugság lenne az az állítás, hogy *Magyarország semmivé lesz, ha a németeket kiűzzük».[6]

E nyilatkozatnak méltó párja az a másik kijelentés, melyet szerzőnk Frigyes Mátyáshoz küldött követeinek ajkára ad: «Ha

---

[1] 435—36. III. 4. = *Thuróczi*, IV. 25. *(Schwandtner,* I. p. 238.)

[2] 451. III. 4. = *Thuróczi*, IV. 25. *(Schwandtner,* I. p. 238.)

[3] Hunyadi János halála után fiát, Lászlót hivei figyelmeztetik: «regem idcirco Albam venire, cum Alemannorum Crucigerorum manu, ut eiecto ipso, protegendam illis arcem tribuat, omnia oppida, praefecturas et magistratus, qui in manu sunt Hungarorum, his exactis, Alemannis committat». 519. III. 8.

[4] 594. IV. 3.

[5] 590. IV. 3.

[6] «Non Alemannicum, sed fraternum erit hoc bellum. Quae civitas nobis est, quam Alemannica natio non complevit? non institutis artibusque politicis excoluerit, non domibus et superbis aedificiis exornarit? Nullum oppidum, nullus pagus est, quem Alemannus non incolat. Utinam potius falso, quam vero id possim dicere, Ungariam eiectis Alemannis nihil esse futuram.» 612. IV. 4.

a németek nem lennének Magyarországon, ez műveletlen, vad pusztaság lenne».[1]

Ez a két beszéd s nagy jelentőségű nyilatkozat a valóságban semmi esetre sem úgy hangzott el, a hogy azt szerzőnk szavakba öntötte. Mindkettő a saját szónoki lendületének terméke. Hanem azért ne higyjük, hogy a saját meggyőződését öntötte belé e nyilatkozatokba. Hizelkednie kellett néha-néha az udvari pártnak, mely Mátyás alkotásait legnagyobb részben elsöpörte, de őt, a szegény tudóst mégis föntartotta. Az udvari párt pedig, II. Ulászló király lengyel származása ellenére, határozottan német szellemű volt. Bonfini érdeke föltétlenül megkívánta, hogy néha-néha megragadja az alkalmat a német szellem dicsőítésére s egy pillanatra elfojtva olasz nemzeti önérzetét, a németségnek javára írja Magyarország kulturális fejlődésének összes dicsőségét.

Hanem azért olasz nemzeti önérzete általában nagyon is élénk: a hol csak szerét ejtheti, erősen kiemeli az *olaszoknak* nemzeti művelődésünk fejlesztése körül szerzett érdemeit.

Mindjárt hozzátehetjük, hogy Bonfini önérzete egészben véve jogosult. A középkoron keresztül s főként az újkor elején, a renaissance századaiban az olasz szellemnek kétségtelenül nagyobb köszönettel tartozott művelődésünk, mint a német műveltség hatásának. Egészen új jelenség, hogy a német szellem intézményeink, tudományunk s társadalmi életünk dolgában olyannyira elhatalmasodott rajtunk.

Az olaszok közül többen magas egyházi tisztet viselnek: Vilmos szegszárdi apát, ki Géza herczeget Salamon és Vid gonosz terveire figyelmeztette,[2] Vitus zágrábi püspök, a ki Kis Károly ügyében követségben járt a magyaroknál,[3] Mátyás korában Gábor egri püspök, a ki Kapisztrán Jánossal még mint egyszerű francziskánus jött be hazánkba s a bíborosságig fölvitte.[4]

---

[1] «Si Alemannis careret Ungaria, aut deserta, aut inculta, inhospitabilisque foret.» 620. IV. 5.
[2] 242. II. V. ö. *Thuróczi,* II. 52. *(Schwandtner,* I. p. 121.)
[3] 386. III. 1.
[4] 595. IV. 3. V. ö. *Galeotto,* De dictis, c. 18. *(Schwandtner,* I. pp. 549—50.)

Olasz kereskedőkkel országszerte gyakran találkozunk,[1] különösen sokkal Budán[2] és Esztergomban.[3] Nagyobb tömegben laknak olaszok a magyar tengerparton s kissé beljebb a Dráva-Száva közén. Zágrábnak hajdan «Olasz-város» volt a neve,[4] a tengerpartnak pedig «Nagy-Olaszország» Mátyás korában is.[5]

Politikai jelentőségre nagy számuk mellett is csak ritkán jutottak, csupán Péter[6] és Kis Károly[7] idején, akkor is mulékony volt hatalmuk. Más irányú: művelődési jelentőségű volt az ő hatásuk nemzetünk fejlődésében. Ha kellő értékre szállítjuk is le azt a túlságosan erősen szinezett előadást, melylyel szerzőnk Beatrix királynénak s olasz kisérőinek minden szépet s jót hozzánkba gyökerében átültető roppant érdemeit dicsőíti,[8] mégis el kell ismernünk, hogy szerzőnk jogosan adta a Salamont segítő IV. Henrik császár ajkára e jelentős nyilatkozatot, a magyarokhoz intézve: «A tisztviselők hatáskörének kiszabását, a törvénykezést, szokásokat, a hit világát s a tudományokat az olaszoktól, az ország kormányzásának módját a németektől tanultátok».[9] E nyilatkozat tendencziája kézzelfogható: keserű szemrehányás a Mátyás olaszgyülölő magyarjainak, hogy mért nem becsülik meg hát az olasz tudósokat s művészeket a maguk érdeme szerint?!

Sem politikai, sem művelődési fontossága nincs az *oláhoknak* történelmünkben; szerzőnk csupán egy, a Róma nagyságán s maradványain lelkesülő humanistát érdeklő tétel révén tesz róluk gyakrabban említést. E tétel az *oláhok római származásá-*

---

[1] 391. III. 1.
[2] 436. III. 4.
[3] 327. II. 8. Bővebben l. alább «Ipar s kereskedelem» cz. fejezetünket.
[4] «Zagrabia olim vicus Italicus dicebatur.» 20. I. 1.
[5] Mátyás első éveiben Szokoly Mihály és Péter védik a török ellen a magyar tengerpartot: «ne ultimum illum inferioris Pannoniae tractum, *quem adhuc magnam Italiam appellant,* in Turcarum servitutem coniici paterentur.» 557. III. 10.
[6] 223. II. 2.
[7] 391. III. 1.
[8] 652. IV. 7.
[9] «Ab Italis provincias, leges, mores, lucem fidei, optimasque disciplinas, a Germanis et Alemannis politicas artes accepistis.» 233. II. 3. A beszédet Bonfini költötte.

nak fontos kérdése. Bonfini egyike az elsőknek, a kik komolyan
hitték s részletesen kifejtették, hogy az oláhok a Traianus s más
római császárok által Dácziába telepített legiók s gyarmatosok
leszármazottjai.[1] Az alap, a melyen tételét fölépíti, csupán csak
az oláh s latin nyelv rokonsága, a mit ő, mint olasz ember,
könnyen észrevehetett. Ezen argumentumban oly föltétlenül meg-
bízik, hogy eszébe sem jut az az eshetőség, hogy hátha valamely
később bevándorlott román nép az oláh? De ha ez eszébe ötlött
is, volt rá oka, hogy kétségeit elhallgassa s a római eredet mel-
lett foglaljon állást. Mátyás király egyéni tekintélyéből sokat
levont oláh származása. Hallottuk már egyes urak gúnyos meg-
jegyzését, hogy ők bizony nem szivesen türik az «oláh királyocs-
kát».[2] Az oláh származást tagadni nem lehetett, de kedvező szin-
ben való föltüntetése nagyon szépen lehetséges volt: ezért hang-
súlyozza szerzőnk, Mátyás iránt való hízelgésből, az oláhoknak
általában s a Hunyadiaknak különösen római eredetét. Úgy
hitte, hogy ez — a humanismus virágkorában! — föltétlenül el
fog hallgattatni minden gúnyolódó kicsinylést Mátyás szárma-
zása ellen.

Az oláhok s szászok elborította Erdélyben a *székelyek* a
magyarság képviselői. Mátyás korában is élt a hagyomány, hogy
a székelyek a hunok utódai, kik Csaba vezetése alatt vonultak
a németek haragja elől Erdély bérczei közé. A székely — írja
szerzőnk — általában véve műveletlenebb a magyarnál, különben
is elég sokban különböznek egymástól. A székely idegennel nem
házasodik össze: fajbüszkesége fél a vérkeveredéstől, a korcso-
sulástól. Külön írása van, nem papirra, hanem fapálczára rója
betűit s néhány jellel sok tartalmat bír kifejezni. Földmívelés,
de főként állattenyésztés és pásztorkodás a fő foglalkozása. —
E mellett szabadságszeretete végtelen; inkább meghal, mintsem
hogy adót fizessen. Nem is tudta egyik király sem adózásra

---

[1] «Valachi enim e Romanis oriundi, quod eorum lingua adhuc fatetur,
quum inter tam varias Barbarorum gentes sita adhuc extirpari non potuerit,
ulteriorem Istri plagam, quam Daci et Getae quondam incoluere, habitarunt.
E legionibus enim et colonis, a Traiano ac caeteris Romanorum imperatori-
bus in Daciam deductis, Valachi promanarunt.» 304—305. II. 7. = 9. I. 1. =
448. III. 4.

[2] 542. III. 9.

kényszeríteni őket, csak Mátyás bírta *nagy kéréssel* arra venni őket, hogy *az ő kedvéért* bizonyos időközökben házanként ökörrel adózzanak.[1] A székely kitünő katona, karddal, gerelylyel, íjjal s tegezzel száll csatára; testét vászonvérttel födi.[2] A székelyek rendületlen állása a nemzetiségektől leginkább ellepett részeken, mutatja a magyarság kétségbe nem vonható, föltétlen uralmát az egész országban. A magyarságnak volt is gondja rá, hogy idegen elemek hatalomra ne kapjanak az országon belül. A hűbéri társadalomban a birtok minden hatalom és jog forrása, az idegeneket tehát mindenáron meg akarják akadályozni abban, hogy hazánkban *birtokot*, vagy csak birtokhaszonélvezetet is szerezhessenek. Az 1486-iki törvényben egyenesen a lengyelek és velenczések ellen irányuló éllel kimondják, hogy senki birtokát ezeknek el nem adhatja, sőt el sem zálogosíthatja.[3] Majd 1490-ben Ulászlóval a választás föltételei között kikötik, hogy a király idegeneknek magyar birtokot, vagy magyar birtok haszonélvezetét nem adományozhatja.[4]

Ép ily gonddal őrködnek, hogy idegen az *ország kormányzásában* ne érvényesülhessen; ezért Ulászlóval a választás föltételei között azt is kikötik, hogy egyházi és világi méltóságot, királyi tanácsosságot csakis született magyarok kaphassanak.[5]

Tényleg, mindig a magyar volt ezen országban a legfőbb, ha ugyan nem egyedüli politikai tényező.

Magyar volt a *királyi udvar*, még ha maga a király idegen származású volt is. Zsigmond Nagy Lajos udvarában magyar nyelvet és szokásokat tanult.[6]

II. Ulászló 1491-ben a pozsonyi békét követő országgyűlé-

---

[1] 137. I. 7.

[2] 678. IV. 9.

[3] «Rogatio quoque in Polonos et Venetos promulgata, qua his nemo bonorum quidquam vendere, aut oppignorare potest.» 651. IV. 7. V. ö. Mátyás 1486-iki (VI.) decretumát, XXXII. tvczikk. *(Corpus Juris* Hungarici, Budapest, 1900. I. 432. l.)

[4] «Ne possessiones quidem et eorum iura alienigenis dari possint (a regia Maiestate).» 689. IV. 9. V. ö. Conditiones Uladislai II. 1490. 13. §. *(Corpus Juris* Hung. 476. l.)

[5] U. o. V. ö. Conditiones Uladislai, 11., 12. §§. I. h.

[6] «Sigismundus, qui vivente adhuc Lodovico, puer ex Augustali in Regiam aulam translatus erat, ut Ungaricam linguam et mores ibi regna-

sen csehül beszél, de a váradi püspök magyarul tolmácsolja szavait, utána Bakócz Tamás és Báthori István — a humanismus virágkorában! — nem latinul, hanem «patria lingua»: magyarul beszélnek.[1]

Maga Mátyás eleinte a régi magyar patriarchalis udvartartást követi, csak Beatrix gőgje teszi zárkózottabbá a királyi udvart,[2] de tudjuk, hogy Beatrix maga is megtanul magyarul s rokonainak, kiket magához hív, ajánlja, tanulják meg a magyar nyelvet s szokásokat.[3]

A magyar tehát kétségtelen úr volt hazánkban. De bírta is mindazon jó tulajdonságokat, a melyekkel imponálni, uralkodni tudott e haza minden más nyelvű lakosa fölött.

Idegen ember úgy találta, hogy a magyar nagyon elüt szomszédjaitól, például a csehtől és némettől. A *cseh* magas növésével, teste erejével, szépségével, szép hajával, kellemes modorával kivált valamennyi szomszédja közül. A csehek hajukat, testüket kelleténél is jobban gondozzák, tisztán járnak, simák, kedvesek, barátságosak, egy szóval jó czimborák. A *magyar* már nem oly könnyen megközelíthető, zárkózott természetű; a hadban igen kemény; rideg magaviseletű, az idegent nem szereti, sőt büszkeségében általában meg is veti; csak lovával, ruhájával és a gyomrával törődik, másra alig van gondja. A veszélyt azonban semmibe sem veszi, szivesen hadakozik, de irtózik a békés nyugalomtól. Vágyva-vágyik a dicsőségre s kitüntetésekre, s ezeket hadakozásokkal akarja elérni.[4]

Ezen tulajdonságai meg is szerezték a magyar számára a legnagyobb dicsőséget: föltétlen uralmat e hazában, félelmes tiszteletet s becsülést e hazán kívül. És a szomszédok oly elismerésével találkozunk, a minővel pl. a német uralom soha sem dicsekedhetett olasz földön: a dalmaták szivét «Kálmán király kegyessége úgy megnyerte, hogy még mai napig — négyszáz esztendő multán! — sem tudták elfelejteni a magyarokat» s

---

turus imbiberet.» 387. III. 1. Forrása, *Küküllei* c. 52. (*Schwandtner*, I. p. 197.), egész röviden: Nagy Lajos Zsigmondot «apud se nutriendum conservavit».

[1] 718. V. 2.
[2] 563—64. IV. 7.
[3] V. ö. *Csánki*, Mátyás udvara, 84—86. ll.
[4] 628. IV. 5.

mikor a magyar királyok gyengesége folytán Velencze hatalma alá kerülnek, akkor is visszavágynak a magyar uralom alá, úgy hogy Velencze csak a legerősebb őrcsapatokkal bírja csak meggátolni, hogy nyiltan a magyarokhoz ne pártoljanak.[1]

---

[1] «Immortale (Colomanni) beneficium ita deinceps posterorum animis insedit, ut nostra etiam tempestate alieno iugo pressi, Ungarici nominis nequeant oblivisci.» 267. II. 5. = 270. II. 5.

MÁSODIK FEJEZET.

Ipar, iparművészet és kereskedelem.

1. Ipar. A magyar nem iparűző. Az osztrák ipar fejlettsége. *2. Az iparművészet.* Szerzőnk idevágó adatainak általános jellemzése. Szent István és Gizella művei ; IV. Béla sírja. A renaissance kezdete. Károly Róbert és Erzsébet királyné. I. Ulászló koronázása. V. László. Hunyadi János műalkotásai. A renaissance diadala. Az iparművészet Mátyás palotáiban. Mennyezetek, ajtók, ablakok. A bútorok. Ércz- és vasművesség. Műszövészet. Az iparművészet a boroszlai fegyverszünet és az olmützi béke áldomásán, Mátyás követségein. Az iparművészet mint a politika eszköze : ajándékozások, vesztegetések. Mátyás hagyatéka. János herczeg adományai a székesfehérvári bazilika részére. A magyar urak pompája. Mátyás hagyatékának sorsa. II. Ulászló. A magyar urak föntartják Mátyás hagyományát. Beatrix hatása iparművészetünkre. Magyar mesterek iparművészetünkben. *3. Kereskedelem.* Az első nyomok. A kalandozások kora. I. Béla intézkedései. Esztergom. Az olaszok. Mátyás intézkedései az 1486-iki országgyűlésen. Zavarok Mátyás halála után.

1. Ipar.

Miként dolgozta föl az iparos szorgalma, mint értékesítette a kereskedő ügyessége a magyar föld termékeit? Szerzőnk általában adós marad a felelettel, mintha csak az udvar nagy fényétől nem látta volna meg a kis emberek fáradságos munkálkodását.

Iparunk történetét alig néhány adata érinti.

A magyar általában nem iparűző. «Nem törődtek a tudományokkal, az ipar különböző ágaival s a kereskedelemmel»,[1] e szavakat adja szerzőnk Mátyás ajkaira, a cseh háború megkezdésekor mondott beszédében.

---

[1] «Non vos diversa litterarum studia, non variae artes et mercatura sollicitat. Pars maxima vestri arma gerit.» 575. IV. 2.

Mátyás király — írja szerzőnk — mikor koronázása után újra a török ellen készült, «több embert Németországba küldött, hogy nyilakat s egyéb fegyvereket vásároljanak, mert a török háború folyamán ezekben igen nagy szükséget szenvedett».[1] Ugyan mily fogalmat kell alkotnunk a magyar iparról szerzőnk adatából, ha örökösen háborúskodó őseink még a legegyszerűbb fegyvereket sem tudták itthon gyártani? A magyar ipar teljes elhallgatásával szemben szerzőnk nagyban dicséri Ausztria iparát. «Távol van innen minden parasztság, még a falusiak is úgy élnek, mint a városbeliek. Mindenféle mesterség nagyon virágzik, különösen a kereskedelem, a melyet a nők a férfiaknál is nagyobb mértékben űznek. Mindkét nembelieknek leleményessége a magán- és nyilvános életben egyaránt bámulatos; iparuk oly fejlett, hogy szükségleteiket könnyen előállítják.»[2]

2. Iparművészet.

A mint az ipar kilép a mindennapi házi használat köréből és művészi formára törekedve, a nagyok palotáiban is díszes helyet talál magának, Bonfini érdeklődését is megragadja és szorgalmas följegyzésre sarkalja.

Sajnos azonban, hogy adatgyüjtő szorgalma mellől a műértő kritika majdnem teljesen hiányzik. Csak bámulni, lelkesedni tud gyermeki naivsággal; érdeklődése nem vág mélyebbre: kik készítették, milyen ízlésben, minő anyagból, milyen árban az iparművészet remekeit? sehol sem ad róla fölvilágosítást.

De ne legyünk követelők vele szemben. Hálásak lehetünk iránta azért, a mit följegyzett, mert középkori forrásaink közül egyetlen-egyben sem találunk iparművészetünk történetéhez annyi adatot, mint a mennyit épen ő jegyzett föl számunkra. És ha naiv csodálatából' fakadó frázisaiból az egyszerű igazságot keressük, kétségtelen tényül azt fogjuk találni, hogy iparművészetünk Mátyás korában valóban virágkorát érte.

---

[1] 573. IV. 1.
[2] 615. IV. 4. Ausztria leírását *Aeneas Sylvius* (II. Pius pápa) művéből: Historia rerum Friderici III. vette át szerzőnk, de mint szemtanú, a saját észrevételeivel bővíti.

Iparművészetünk története azonban Mátyás koránál jóval előbbre visszanyúlik. Mihelyt a magyar megkeresztelkedett s részesévé vált a kereszténység akkor már ezer éves műveltségének, a keresztény hit, erkölcs, tudomány és művészet mellett az iparművészet is azonnal helyet talál az Isten dicsőségére, de egyúttal a magyar faj dicsőségére.

Szent István nejével vetélkedve buzgólkodik az Isten hajlékának díszítésén. Bizonyára királyi palotája is remeke volt kora iparművészetének. Legrégibb történetíróink, a nagy szent király legendáinak szerzői azonban csak a szentet látják első királyunkban. Észre sem vették, föl sem jegyezték a világi pompát, a mely udvarát fényessé tette, csak azon kiváló gondoskodását jegyezték föl számunkra, a melylyel a királyi pár Isten templomainak iparkodott fényt és díszt adni. Így érthető azután, miért olvasunk Bonfininál iparművészetünk legrégibb történetét illetőleg tisztán egyházművészeti adatokat.

A székesfehérvári bazilika volt a nagy szent királynak s nejének, s később is számos utódjának fő gondoskodása tárgya. «A mű bámulatos költséggel készült. Csak úgy ragyog benne a márványburkolat, padolata pedig koczkákkal van rakva. Nagyszerű oszlopok, képekkel s faragványokkal díszített oltárok találhatók benne, mind tiszta aranyból-ezüstből; továbbá királyi (udvari) kápolnákat és mauzoleumszerű sírkápolnákat talál az ember, ezenfelül több kőszobrot s drágakővel kirakott domborművet; a főoltár fölött pedig egy roppant nagy értékű, drágakővel s aranynyal ékesített csúcsíves boltozat emelkedik. Nem hiányoznak a különféle edények sem: ezek közül sok a kristály, myrrha, onyx, továbbá a bíborral s alabastrommal ékesített edény, némelyikben aranynál s ezüstnél silányabb anyag egyáltalában nem található. Az egyházi ruhákról s egyéb fölszerelésekről szót sem kell ejteni, annyira bővében van mindennek, a mi csak az istentisztelethez szükséges.»[1]

A leíráson azonnal észrevehető, hogy Hartvic püspök elbeszélésén alapul. A márványburkolatokról, a képekről s

---

[1] 208. II. 1. = Hartvic, c. 13. (Font. Dom. I. 48. l.) Képes Krónika, c. 38. (Font. Dom. II. 141. l.) és Thuróczi krónikája, II. c. 30. (Schwandtner, I. p. 95—96.)

domborművekről, a királyi síremlékekről és főképen a csúcsíves boltozatról szóló adatokat azonban szerzőnk teszi hozzá forrásai leírásához. Kétségtelen tehát, hogy szerzőnk leírása a fehérvári bazilikának nem a szent István korabeli, hanem a *Mátyás korabeli képét* rajzolja, úgy, a mint ezt maga látta, ha máskor nem, Mátyás király temetése, vagy II. Ulászló koronázása alkalmával. Forrásaink azonban, melyeket szerzőnk híven követ, még több érdekes adatot tartottak fönn szent István korabeli iparművészetünk történetéhez.

A szent király, mikor a pogány lázadókat leveri, a zsákmány kincseit nem emberi czélokra, hanem az Isten dicsőségére áldozza: aranyból, ezüstből gyöngygyel díszített feszületeket, csészéket, kelyheket s egyházi ruhákat készíttet oly nagy mennyiségben, hogy bőkezűségének az ország egyetlen legkisebb temploma sem érzi hiányát.[1]

Gizella királyné buzgalma alig ismer határokat. A szenteknek szinaranyból s ezüstből készült szobrocskáit,[2] gyöngyös kelyheket, aranynyal szőtt ruhákat ajándékozott az egyházaknak. Sorra vizsgálta az egyházakat, javítgatta a kopott s elrongyolódott egyházi ruhákat.[3] De még a királyné buzgalma s a veszprémvölgyi görög apáczák s növendékeik szorgalma sem elég; külföldi mesterekre van hát szükség. Szent István tehát «Görögországból igen sok mestert hívott be, hogy kiváló műveket alkossanak s mindenünnen képfaragókat s szobrászokat fogadott föl nagy költséggel».[4]

A szent István korából fönmaradt két iparművészeti emlék: a szent korona és a koronázópalást tényleg igazolja, hogy iparművészetünk azon időben teljesen a *bizanczi izlés* hatása alatt állott. A szent koronát Bonfini nem írja le, csak a *koronázópalást* rajzát adja, kétségtelenül a saját szemlélete alapján: «A palást kék selyem; rajta az Úr trónusa s az apostolok

---

[1] 210. II. 2. V. ö. *Hartvic* s *Thuróczi* i. h.

[2] «*Simulachra Deorum* ex postulato argento obryzoque multa dicavit.» 205. II. 1.

[3] 205. II. 2. 210. II. 2. = *Hartvic* s *Thuróczi* i. h.

[4] «Artifici omnes e Graecia acciti, ut opus memorabile facerent, statuarii ac plastici undique magno mercede conducti.» 210. II. 2. = *Thuróczi*, II. 31. (*Schwandtner*, p. 96.)

74 MÁSODIK FEJEZET.

valamennyien, isteni fönséggel, aranynyal himezve, félköralak-
ban; s nem is annyira régisége s értéke, mint képeinek szentsége
teszi becsessé».[1] Ezen adatok után jó kétszáz esztendőre teljesen elveszti
szerzőnk iparművészetünk történetének fonalát. Forrásait ama
nagy küzdelmek foglalkoztatják, melyeket Nyugot németjével,
Kelet görögjével s 'pogányával vívott nemzetünk. Csak a tatár-
járást követő időkből olvassuk, hogy *IV. Bélának* Esztergomban,
a minoriták templomában «a főoltár előtt vörös márványból
készítettek sírt», a melyet szerzőnk még látott s föliratát is
olvasta.[2]

Az Anjoukkal a *renaissance* szelleme szűrődik át a magyar
földre. Vele járt a tudomány, művészet és iparművészet elvilá-
giasodása. Az élet finomodása, a fényűzés terjedése az ipar-
művészetet is kiviszi addig jóformán kizárólagos teréről: a tem-
plomból a mindennapi életbe, a hatalmasok egyéni dicsőségé-
nek emelésére.

Az idők nagy változásának jele, hogy már krónikaíróink is
észreveszik, följegyzik az egyén: az ember dicsőségét is. Leírják,
hogy a tudomány, művészet s iparművészet eszközeivel miként
törekszik az egyén kiemelkedni a tömegből a köz átlagemberei
fölé. Minthogy így szerzőnk forrásai többet foglalkoznak a
magyar iparművészet alkotásaival, magának Bonfininak művé-
ben is ezentúl egyre sűrűbben találkozunk az idevágó adatokkal,
még pedig többé nem oly általános frázisokban.

Mikor az Anjouk alatt hazánk keleti nagyhatalmassággá
fejlődött s a magyar király székhelyén, a visegrádi congressu-
son (1335) intézték Kelet-Európa sorsát, *Károly Róbert* az ipar-
művészet remekeivel pompázik. Az a fényes ajándék, a melylyel
János cseh királyt meglepte, mindenkit bámulatra ragadott. «Külön-
féle ezüstedényeken kívül ötvenkét paripára való homlokdíszt
adott neki s ugyanannyi övet,[3] azonfelül egy bámulatos művű,

---

[1] 697. IV. 10.

[2] 330. II. 8. V. ö. *Képes Krónika* c. 82. (Font. Dom. II. p. 224.)

[3] Sambucus szövege e helyt nagyon hibás, mint *Thuróczinak* alább
közölt szövegéből kitűnik, *Bonfini* ezen adata eredetileg így szólott: *Ötven
különféle edényen felül két paripára való homlokdíszt és ugyanennyi övet aján-
dékozott neki stb.*

dúsan aranyozott sakktáblát. Ennek szegletein bástyák, mindkét oldalán pedig fölszerelt gyalogos- és vértes lovaskatonák voltak láthatók, úgy hogy egy igazi csatát ábrázoltak s mindannyiukat gyöngygyel rakott fegyverek s jáspissal és smaragddal díszített csatamező hevített a harczra. Továbbá két nyerget is ajándékozott neki, melyeket nem annyira aranyozásuk, mint a drágakövek sorozata tett gyönyörűvé. Két gyöngygyel rakott serleget is adott neki ráadásul; az egyiket kétszáz font ezüstre becsülték, a másik szinaranyból készült, csigaalakú volt és mind művészi kidolgozása, mind a rárakott gyöngy mennyisége folytán igazán remek munka volt.»[1]

A királyné pedig, *Erzsébet*, mikor kisebb fiának, Endrének nápolyi királysága érdekében lenn jár Nápolyban, Rómába is elviszi vallásos buzgalma és ott mintha csak Gizella királyné kora kelt volna új életre: a Megváltó főoltára előtt (szent Péter templomában) mérhetetlen ajándékot ajánlott föl: gyöngygyel díszített egyházi ruhákat, aranyos és gyöngyös szent edényeket, gyertyatartókat és más ilyenfélét.[2]

De most már nem görög mesterek keze alkotja e műtárgyakat, hanem maga a királyné magyar palotahölgyeivel. Ezért mikor Zách Feliczián kardja levágja a királyné négy ujját, a krónikás s utána Bonfini megjegyzi, hogy ezeket az ujjakat «méltán nevezhetjük a női hivatás és áldozatkészség eszközeinek, mert éjjelnappal egyházi ruhákat szőtt és varrt velük».[3]

Az Anjouk fényét a külső harczok, belső zavarok évtizedei követik. Ezek leírása közben szerzőnk egyetlen egy adatot közöl a magyar iparművészet, még pedig ötvösségünk történetéhez.

---

[1] 351. II. 9. = *Thuróczi,* II. 97. *(Schwandtner,* I. p. 165.) Thuróczi krónikája sokkal rövidebben ír: «Remuneravit autem rex Hungariae regem Bohemorum, diversis et preciosis clinodiis, videlicet: quinquaginta vasis argenteis, duobus pharetris, duobus balteis, et una tabula pro scacis mirabili, duobus sellis inestimabilis pretii, uno bicello, valente ducentas marcas argenti, et una concha margaritarum, mirabili opere composita». Azt kell tehát föltennünk, hogy Bonfini Thuróczi adatait oly módon bővítette, hogy a Mátyás udvarában látott műtárgyaknak — különösen a sakktábláknak — leírását szőtte forrása adatai közé.

[2] 355. II. 10. = *Küküllei* krónikája, c. 4. *(Schwandtner,* I. p. 175.)

[3] 346. II. 4. = *Thuróczi,* II. c. 96. *(Schwandtner,* I. 162.) Egyike azon kevés adatoknak, a melyekben Bonfini szövege rövidebb forrásai szövegénél

Albert király halála után özvegye, Erzsébet, utószülött fia, a későbbi V. László érdekében ellopja a szent koronát, úgy hogy a győztes Ulászló-párt nem tehetett egyebet a fehérvári koronázásnál, mint hogy «mivel a szent korona nem volt kéznél, a szent király *szobráról*, a melyet a kápolnában tiszteltek, engesztelő áldozatok után a *koronát* nagy tisztelettel levették és a körülmények kényszerítő hatása alatt azzal koronázták meg a lengyel Ulászlót».[1] Ha ez a korona koronázásra használható volt, akkor mindenesetre a szent korona teljes nagyságú másolatának kell tartanunk, a mely, mint Thuróczi szavai sejtetik, a régi magyar ötvösség valóságos remeke lehetett.

Egyébként *V. Lászlóban* is meg volt a szeretet a tudomány, művészet s iparművészet iránt. Tudjuk, hogy Alfonso nápolyi királytól s Borgio modenai herczegtől valamely, a római történelmet tárgyaló könyvet kért.[2] Aranynyal szőtt bíborruhákat ajándékozott a Hunyadi-fiúknak Temesvárott.[3]

A *Hunyadi fiúkat* azonban a király becses ajándékai nem lephették meg valami különösen. Atyjuknak, a szerény hősnek, magának is nagy érzéke volt a külső pompa és fény iránt. Diadalai után a csatatéren, Szent-Imrénél,[4] Vaskapunál,[5] tropheumokat (emlékjeleket) állított. Vajjon művészi értékű, vagy csak a győzelmi mámor első perczeiben hevenyészett emlékjeleket kell-e gondolnunk, Bonfini szavaiból meg nem állapítható. De ha meggondoljuk Hunyadinak a renaissancehoz való viszonyát, hogy Zsigmond kiséretében Olaszországban járt (1433 május)

---

[1] 449—50. III. 3. = *Callimachus,* De rebus Uladislai l. I. *(Schwandtner,* I. p. 463.) : «constituerunt ... uti ad eam rem corona, qua S. Stephani primi regis caput exornatum, religiosissime servatur». *Thuróczi,* IV. c. 31. *(Schwandtner,* I. p. 243.) : «Regem corona, pro ornamento reliquiarum capitis sancti regis Stephani, *olim miro operis artificio praeparata,* magno cum tripudio coronarunt».

[2] Hibás latinsággal megírt két levelét kiadta *Ábel,* Adalékok a humanismus tört. 156—157. ll.

[3] «Purpureas vestes, auro contextas.» 521. III. 8. = *Thuróczi,* IV. 59. *(Schwandtner,* I. 278.)

[4] «In Alpibus, ad insignis victoriae monumentum, trophaea statuit.» 459. III. 5.

[5] «Signa ad Vaskapum, in victoriae monumentum trophaea sunt erecta.» 470. III. 5. *Thuróczi* egyik adatot sem említi.

s néhány kitünő humanistával mindvégig érintkezésben maradt,[1] továbbá, hogy Vajda-Hunyad várát építtette, föltehetjük, hogy győzelmi emlékjelei is legalább némi művészi s iparművészeti becscsel bírtak. A várnai csata történetírójának, Callimachusnak egy adata még jobban megerősít bennünket föltevésünkben. Szerinte Várnánál a törökök, a hol I. Ulászló király holttestét megtalálták, egy nem nagyon magas oszlopot állítottak s rája vésték röviden a történteket.[2] Nem Hunyadi győzelmi emlékjeleinek viszonzása akart-e ez lenni?

Mátyás királylyal azután teljes diadalra jut a renaissance a magyar földön: a királyi udvarban, főpapok székhelyein, főurak kuriáján egyaránt. Különösen a királyi udvarban mindennek nyomát találjuk, a mi szépet, elegánsat s modernet a renaissance iparművészete alkotni tudott. Maga Mátyás minden téren szinte kizsákmányolja az iparművészetet: mint hivő templomot, mint király palotát emel, melyben az utolsó szögletig minden stilszerű; mint tudós könyvtárát, mint házigazda edényeit díszíti az iparművészet remekeivel, barátait ezekkel kötelezi le s ellenfeleit is néha ezekkel vesztegeti meg és maga is olyan ruhát hord, kisérete s udvara is úgy öltözködik, a mennyire csak az ősmagyar keleti pompát a modern nyugoti iparművészet még fokozni tudta.

Miként korunk modern iparművészete, úgy a renaissancekori is főként arra törekszik, hogy a magánlakást tegye mentől díszesebbé, kedvesebbé, otthonosabbá. Mátyás tatai, visegrádi, de legkivált budai palotájában ezen törekvés teljes diadalra jut. A padozat rendesen mozaikszerűen van rakva, némely helyen földviaszszal összeégetett kőből van.[3] A mennyezeten azonban

---

[1] Pl. Poggióval, kinek Hunyadihoz írt két levelét közli Ábel, Adalékok, 158—159. ll. — V. ö. Riedl Frigyes, A magyar irodalom főirányai. Budapest, 1896. 46—50. ll.

[2] «Turci, regio corpore invento, modicae altitudinis columnam, quae hodie quoque visitur, cum inscriptone rei gestae, in eodem loco statuerunt.» Call. lib. III. (Schwandtner, I. p. 518.)

[3] A budai palotában: «Tesselata vermiculataque ubique teruntur pavimenta, nonnulla encaustica sunt». 654. IV. 7. A nehezen érthető szövegnek fönt adott értelmezését l. Csánkinál. (Mátyás udvara, 172. I. 6. jegyz.)

sokkalta tágasabb tere nyilt az iparművész remekelésének. Mátyás azonban épületeinek egy részében nem alkalmazhatta a renaissance mennyezetstilusát, a mely a román stilus boltívezetével és a góth stilus csúcsíves boltozatával szemben lapos, *sík mennyezetet* alkotott és nem figurális festményekkel, hanem a mennyezetsík gerendázatos tagozásával, faragványokkal, aranyozással és ornamentikus szinezéssel iparkodott művészi hatást elérni. Mátyás budai palotájának nagyobb része régibb kori építés volt, csúcsíves stilusban. Meg kellett tehát hagynia a csúcsíves boltozatot s ehhez kellett alkalmazni a mennyezet díszesebbé tételét, de természetesen a boltozatnak megfelelőleg, a régi stilusban: festményekkel. Új építkezéseinél azonban a sík mennyezetet alkalmaztatja s pazarul díszítteti a renaissance ornamentikájával: faragványokkal, aranyozással, stilizált rajzokkal, szinezésekkel. Szerzőnk e díszítésekről ugyan csak általánosságban beszél,[1] de egykorú forrásokból a részleteket is tudjuk. A budai palotában egyik teremben a mennyezeten fából faragott, dúsan aranyozott ludakat, a másikban rózsákat, egy harmadikban üstöt, a melyben tűz ég, a negyedikben farkukat a nyakuk köré tekerő kigyókat látunk s mindez merő aranyozott faragvány, tehát épen olyan díszítés, a minőt a Corvin-codexek lapszélékítményein láthatunk.[2] Szerzőnk figyelmét különösen annak a teremnek mennyezete ragadta meg, a melyben a díszítés az ég bolygóinak pályáját ábrázolta kiváló művészettel.[3]

Az *ajtók* szintén remekbe járók és pedig nem csupán a hatalmas portálék, hanem az épület belsejében a kisebb ajtók is. A budai palota főkapuját vörös márványba falazott, érczből vert szárnyak alkotják. A művészi érczmunka Herkules tizenkét munkáját ábrázolja s kívül-belül egyaránt művészi alkotás.[4] A belső

---

[1] *Budán:* «Laquearia ubique varia et aurata, multa insignium varietate distincta». 654. IV. 7. És *Tatán:* «Laqueatae contignationes, multo auro caelaturaque conspicuae.» 655. IV. 7.

[2] Egykorú német források után: *Csánki,* «Mátyás udvara». 173. l. 5. jegyz.

[3] «Contignationes huic insano sumptu destinarat, quibus laquearia aurigantes per aethera planetas continerent, erratilesque cursus miro suspectu referrent.» 655. IV. 7.

[4] «Ex eodem lapide (porphyreo marmore) geminas ianuas superstruxe-

termek ajtai mozaikszerű rakott díszítéssel készültek,[1] a vár alatti
kert villájának kapuja pedig valóságos diadalkapunak látszott.[2]
Az *ablakok* ép oly díszesek; érczfoglalványokba rakott
üvegtáblákból készültek.[3] — Az üvegművességnek egyébként
másutt is tág tere nyilt az érvényesülésre: az olasz paloták pél-
dájára egyes termeket Mátyás is az azon korban ritka, drága
nagy tükrökkel díszített, melyeket mesterségesen úgy állítottak
föl, hogy a vidék egyes képeit visszatükrözzék.[4] Szerzőnket a vár
alatti villa tükörtermei lepték meg különösen s elragadtatással
írja, hogy ennél szebbet már képzelni sem lehet.[5]
　A *bútorok* stilszerű pompája egészen beleillik az épület fényes
keretébe. Szerzőnk szavai azonban inkább csak sejttetik, mintsem
leírják a bútorművesség remek alkotásait, a melyeket különben
egyéb forrásokból elég részletesen ismerünk.[6] Az ágyak, székek
és padok nagyrészt ezüstből valók, de dúsan aranyozva.[7] A kály-
hák divat szerint nagyok, kivitelük művészi, egy részüket telje-
sen a renaissance szellemében római négyes fogatok és más
ókori emlékek díszítik, másrészük olyan szemekből van rakva, a
melyeknek közepe kidudorodik s nem pusztán szép szinezéssel,
hanem különféle képzelt állatalakokkal is pompáznak.[8]

rat, quas aenei postes et affabre facti, Herculeisque laboribus admirabiles,
et non minus a tergo quam a fronte spectabiles exornabant.» 654. IV. 7.
　[1] «Postes insuper emblemate conspicui»... 654. IV. 7.
　[2] «Triumphales sunt villae postes.» 655. IV. 7.
　[3] *Visegrádon:* «fenestras superbissimas cernere erit». 655. IV. 7. —
V. ö. *Csánki,* Mátyás udv. 172. És a vár alatti villában: «Tricliniumque
cum laquearibus et fenestris adeo spectabile, ut lautissimam antiquitatem
propius accederet.» 655. IV. 7.
　[4] *Fraknói,* Vitéz János élete, 1879. 246. l.
　[5] «Turres quoque caenaculis ac pergulis obductae, in quibus coena-
tiones *cum vitreis specularibus* usque adeo iucundae, ut nihil putes amoenius.»
655. IV. 7.
　[6] L. *Csánki,* Mátyás udv. 173—175. ll.
　[7] «Argentei lecti, argenteaequae cathedrae.» 654. IV. 7.
　[8] «Insignes camini, in quorum fastigiis quadrigae, ac multa Romano-
rum stemmata sunt sculpta» 654. IV. 7. és «hypocausta in tricliniis mam-
matis tegulis obtecta, quae non modo colorum pulchritudine, sed animalium
confictorum varietate conspicua». U. o. V. ö. *Csánki,* i. m. 173. l. —
Pasteiner Gyula (Építészet I. Mátyás korában. Budapesti Szemle, 1893. 3. l.)
a *hypocausta*-t a padozat alatt csöves téglákon vezetett légfütésnek fordítja,

Az érczművesség remekei azok a *díszkutak*, a melyek a budai királyi palota középső udvarát s a visegrádi palota kertjét ékesítették. A budai díszkutat márványtartály vette körül, maga a díszmű Pallas Athenét ábrázolta, sisakosan, felövezve.[1] A visegrádi palota függő kertjeinek díszkútja szintén márványtartályból kiemelkedő érczmunka[2] és Oláh Miklós még a nagy király halála után félszázaddal is bámulattal írja le: a márványtartályt köröskörül a múzsák domborművű képei ékesítik, a középen pedig, márványtömlőn ülve, Cupido istennő nyulik föl a magasba s a tömlőből vizet szorít ki, a melyet a közeli hegyekből csöveken át vezettek oda; a víz csobogása, a mint a csőből egy márványtálba s innen a nagy medenczébe aláfolyik, édes hangulatra keltő. Oláh úgy hallotta, hogy nagy diadalünnepek idején Mátyás a forrásvizet elfogatta s bort eresztett a csövekbe s így Cupido tömlőjéből hol fehér, hol vörös bor patakzott alá.[3]

Remekművű *érczkandeláberek* díszítik a budai palota kettős lépcsőzetét[4] s a vár alatti villa oszlopos előcsarnokát.[5]

Az arany- és ezüstművesség és a műszövészet azután már arra is képessé teszi a nagy királyt, hogy udvarának pompáját mindenütt, palotája keretein túl is kifejthesse. Mikor *Boroszló* ostroma után a lengyel királylyal és fiával fegyverszünetet köt (1474.), mint győztes fél, ő tartja az áldomást. «Királyi sátora aranyból és gyöngyből készült, közepére magas *pohárszéket*

---

de ha a csövek a padozat *alatt* lettek volna elhelyezve, bizonyára nem lettek volna olyan díszesek, a minőknek Bonfini leírja őket.

[1] «In medio subdivalium fons aeneus, marmoreo lacu circumventus, cui Pallas galeata, subcinctaque imminet.» 654. IV. 7. — Ennek a kútnak, helyesebben szökőkútnak alapfalazása lehetett az a köralakú faltöredék, a melyet a régi udvar közepén napjainkban találtak. V. ö. *Divald* Kornél: A régi Buda és Pest művészete Zsigmond, Mátyás és a Jagellók korában. (Mérnök-Építészegyl. Közlöny. 1901. XXXV. köt. 370. l.)

[2] «Hic horti, fontesque pensiles, qui porphyreo marmore, aeneoque solio culti sunt.» 655. IV. 7.

[3] *Oláh*, Hungaria, c. 7. *(Bél*, Adp. p. 11.), v. ö. *Csánki*, Mátyás udv. 183. l.

[4] «Geminas huic scalas adiecerat, porphyreo marmore, aeneisque candelabris insignes.» 654. IV. 7.

[5] «Huius propylaeum columnis tesselatis embricatisque circumdatum, quae aenea candelabra sustinent.» 655. IV. 7.

emelt, melynek több foka volt s telerakta mindenféle edénynyel, gyöngyös serlegekkel»[1] s így ejtette bámulatba ellenfelét mérhetetlen gazdagságával. Négy esztendővel utóbb, mikor a békét Olmützben végképen megkötik, újra Mátyás a házigazda. — A házat, a melyben Ulászlót *Olmützben* vendégül látta, «csodás fényűzéssel rendezte be: az ebédlőt, a hálótermet, a verandát, szóval minden helyiséget *selyem- és festett kárpittal* vonatott be. Királyi berendezéssel díszítette, hogy még a látszatát is kerülje annak, hogy testvére (Ulászló) fogadásában csak valamit is elhanyagolna. A fölszerelés oly nagyszerű volt, hogy minden képzeletet felülmult. Többi vendége szállását is maga díszíttette föl, kinek-kinek a saját méltósága szerint. Az imént kötött testvéri viszony örömére tizenöt álló napig lakmároztak. A piaczon Mátyás ideiglenes *szinházat* állíttatott és nagy költségen szinpadot és nézőteret készíttetett s ott vagy szindarabot adtak, vagy meghívták az előkelő hölgyeket és fényes tánczmulatságot rendeztek. A piacznak a szinház előtt elterülő része *lóversenytérül* és *czirkusz* gyanánt szolgált, nap-nap után versenyt futtattak, a győzteseknek különféle díjakat tüztek ki s a király bőkezűségéből sok pénzt szórtak a nép közé. Nap-nap után etették-itatták a tömeget és a cseh és magyar katonaságot. A piaczon a fejedelmek vendégeskedtek. A piacz közepén négyszögű *pohárszék* állott, mely minden oldalról piramisszerűleg, lépcsőzetesen emelkedett; fokaira arany, ezüst és gyöngygyel rakott edényeket helyeztek el szép sorban. A pohárszék előtt *két rhinoceros* állott, jobbról egy, balról egy; mindkettő bámulatos nagyságú volt és félelmes szarvakkal meredt a bámulóra. Lenn az alsó fokon hatalmas vedrek, boros korsók és kancsók állottak, szinaranyból való remekművek; föllebb, a fölső fokokon pedig aranykelyhek, serlegek, kupák és csészék, gyöngygyel s drágakővel dúsan megrakva. Úgy állott tehát a piacz közepén az a gyöngyökkel rakott s minden oldaláról nézve gyönyörű pohárszék, mint valami aranyhegy, úgy hogy a néző szeme szinte belefájdult a nézésébe».[2]

[1] 600. IV. 3.
[2] 628—629. IV. 5. Az adatok hitelességét egykorú szemtanúk kétségtelenné teszik. A kristályüveg s még inkább a majolika még ritka s rend-

Mátyás teljesen kibékült Ulászlóval, annyira, hogy mikor az áldomás véget ért, «neki adta a lakoma összes készleteit, pedig hát aranykárpittal vonatta be abban a házban, a hol Ulászlót fogadta, a termeket, aranyos szőnyeggel takartatta le az ágyakat és nagyszerű asztalt teríttetett. Sőt még ezt is keveselte és két várost adott ráadásul Ulászlónak. Beatrix aranynyal szőtt köpenyt, királyi ruhákat, nagyszerű ágyneműeket adott hozzája s több effélét, a minek legényember hasznát veheti. A két (bajor és szász) herczeget s a többi fejedelmet sem hagyták ajándék nélkül; senki sem távozott a nélkül, hogy valamit ne kapott volna. De különösen azt emlegették és csodálták, hogy a csehek összes vendégfogadóinak készlete Mátyás kincstárából került ki, már pedig tíz asztalt teríttetett a szinházban, a melyeknél az étkezéshez és az ételek fölhordásához sok arany- és ezüstedényre volt szükség s még sem kölcsönöztek át semmit ezen lakomához arról a királyi pohárszékről, a mely a piaczon állott. Ezért hamarosan még csak el sem lehet képzelni, mily roppant értékű Mátyás készlete».[1]

Követségeinek pompájával a külföld előtt is fényes tanúságot tesz mérhetetlen gazdagságáról.[2] «Tíz főurat küldött Beatrixért, a kik páratlan pompával és fénynyel vonultak át Olaszországon. Mindegyikük minden előkelőbb városban szebbnél-szebb asztalt teríttetett, gyöngyös serlegekkel, arany-ezüstedényekkel dúsan megrakva. A követség vezetője, a váradi püspök (Pruisz János),

kívül drága, ezért készül az edények java része aranyból, ezüstből. A díszes pohárszék állítása a kor általános divatja volt a nyugoteurópai udvaroknál. A Bonfini említette két rhinocerost a *castellai püspök* mint pápai követ is látta Mátyás kincstárában (1483.), az egyik szerinte akkora, mint egy ló, a másik, mint egy szamár. *(Katonánál,* Historia crit. IX. p. 504.) A két rhinoceros Mátyás s Beatrix lakodalmának ünnepségein is ki volt állítva s a *pfalzi követnek* a lakodalomról szóló leírása általában megegyezik Bonfininak föntebb adott leírásával. (A pfalzi követ jelentését l. *Schwandtner,* I. p. 544.) Bonfini közvetlen forrása a föntebbiekben is *Thuróczi* krónikája. *(Schwandtner,* I. pp. 480—481.) Mátyás arany- és ezüstedényeinek mennyiségéről általában a castellai püspök jelentése nyujt fogalmat, a ki Mátyás kincstárában egyéb aranyneműek mellett 300 darab aranykupát látott. *(Katonánál,* Hist. crit. IX. p. 504.) V. ö. *Csánki,* Mátyás udv. 111—117. ll.

[1] 629. IV. 5.
[2] A követség a kisérő személyzettel együtt mintegy 800 főből állott. *Csánki,* Mátyás udv. 95. l.

kit a király bőkezűsége, hűsége, ékesszólása és fényes tehetsége
folytán igen sokra becsült, mikor Urbino herczege (Federigo)
fényes lakomán fogadta, egy *sótartót* mutatott elő, a mely még
az oly annyira gazdag herczeget is bámulatba ejtette. A sótartó
hegyen állott, ennek oldalán fa nőtt a sótartó fölé borulva, gyü-
mölcs helyett gyöngyökkel és értékes drágakövekkel volt meg-
rakva, árnyék helyett pedig ragyogó fénynyel csillogott. A hegy
oldalában remekművű barlangocskák voltak, gyöngygyel dúsan
megtöltve. A püspök egy arany prochitont is mutatott elő, a
melynek csapja helyén egy lihegő sárkány áll, teste gyöngyház-
ból való, feje mereven előre hajlik, farkát pedig aranykarikák-
ban a lábai közé huzza. Füle gyöngyös, szájának felső része
hegyes pajzs módjára messze előnyulik, a többi része csupa
arany. Az igen széles alap fölött három lábnyi tömeg emelkedett.
Többi társa is vetélkedve mutogatta kincseit.»[1]

Tíz esztendő multán újra a váradi püspököt látjuk annak a
fényes követségnek az élén is, a melynek az volt a föladata,
hogy Corvin János részére Sforza Bianka kezét megkérje s egy-
úttal a franczia királylyal szövetség czéljából tárgyaljon. A püspök
most nem a már bemutatott műtárgyaival arat nagy föltünést,
hanem főleg kiséretének külső pompájával. Háromszáz egyforma
szinű és nagyságú lovon ülő nemes ifjú kisérte útjában, bíbor-
ruhába öltözve, közülök sokan nyaklánczot, a többiek pedig a
hajukban gyöngyös koszorút viseltek.[2]

Mátyás azonban nem csupán pompázni tudott az iparművé-
szet remekeivel, hanem *politikai czélokra* is fegyverül tudta hasz-
nálni őket. Ellenségeit néha ily módon vonja a pártjára, mint
például Boroszló ostroma alkalmával (1474.), «mint mondják,
sokakat gyöngyös serlegekkel nyert meg a saját érdekeinek».[3]
Barátai hűségét is becses ajándékokkal igyekszik fokozni.

---

[1] 606—607. IV. 4.
[2] 660. IV. 7. A követség fényét a többi források is emlitik, de a kiséret
számában eltérők az adatok; egyik forrás szerint 200 (Magy. Történelmi
Tár XIII. 217.), egy másik szerint csak 80 *(Nyári* Albert, Századok, 1872.
299. 1. 30. jegyz.) lovas volt kiséretében. V. ö. *Bunyitay,* A váradi püspökség
története. Nagyvárad, 1883. I. 311. l.
[3] 596. IV. 3. «Gemmatis… poculis, ex hostibus plerosque in suas
partes adduxisse fertur.»

84 MÁSODIK FEJEZET.

Mindjárt koronázása alkalmával többeknek aranylánczot,
bíborköntöst ajándékozott.[1] Ez azonban csak szerény bevezetés
azokhoz a nagyszerű ajándékokhoz, a minőkkel később ejtette
bámulatba barátait. Említettük már, mily páratlan ajándékokkal
kedveskedett Ulászlónak az olmützi béke áldomásának ötletéből
s ezen ajándékok megismétlődtek, mikor pár év mulva (1486.)
Iglón megújították a békét és szövetséget. Most «gyöngygyel
rakott sisakot ajándékozott Ulászlónak és egy falut adott hozzá.
A királyné is számtalan aranynyal szőtt bíborruhát adott neki.
Ehhez járult azután a sok fejedelmi ékszer, hogy a szövetséget a
méltó ajándékok még jobban megszilárdítsák».[2] A franczia
királynak egyik követsége alkalmával (1486.) 25.000 arany
értékű ajándékkal kedveskedik. Az aranyos és gyöngyös edé-
nyek mellett húsz török (tulajdonképen arab) paripát s hozzá
több erdélyi lovat küld neki ajándékba, aranynyal és drága-
kövekkel dúsan rakott nyergekkel és szerszámokkal. Beatrix
aranynyal szőtt díszes palásttal, perzsa szőnyegekkel és aranyos
ágyneműekkel növeli férje ajándékának értékét. Még a franczia
követnek is mintegy 3000 arany értékű ajándék jutott.[3]

De mindez nem merítette ki a nagy király dús készletét.
Mikor meghalt, fia, *János herczeg*, atyja hagyatékából bőven
megajándékozta a fehérvári egyházat, a nagy király temetkező
helyét. «Mindenekelőtt egy tömör aranyból készült, gyöngygyel
rakott remekművű feszületet ajándékozott, a mely, úgy mondták,
45 ezer arany értékű volt, továbbá gyöngyös csészéket és arany-
tálakat, gyertyatartókat, kelyheket és szentségtartót; mindezek
tömör aranyból valók voltak s különféle drágakövekkel ragyog-
tak. Adott továbbá néhány arany szobrocskát és tizenkét, gyön-
gyökkel dúsan rakott egyházi öltönyfölszerelést; mindez, mint
beszélték, 75 ezer aranyba került.»[4] Maga a nagy király ott
feküdt, bíbor ravatalon, melyet palástja, kardja, kormánypálczája,
koronája s almája ékesített.[5]

Mátyás példaadása, legalább közvetlen környezetére, nem
maradt hatástalanul. Mennyire sajátították el a *magyar urak* a

---

[1] 562. IV. 1. «Multos eo die equestris ordinis dignitate donavit. Quibus
autem torques aureos, aut purpureas lacernas adiecit» etc.
[2] 657. IV. 7.   [3] 660. IV. 7.   [4] 675. IV. 8.   [5] 674. IV. 8.

renaissance szellemét, ma még, mikor a magyarországi humanismus történetét oly kevéssé ismerjük, meg nem mondhatjuk. De hogy külsőségben hatott a renaissance pompája, Bonfini adatai is kétségtelenül igazolják. A boroszlai fegyverszünet áldomásán (1474.) Ujlaki Lőrincz «atyjától (István bosnyák királytól) öröklött palástjában jelent meg, a mely gyöngygyel és drágakövekkel úgy meg volt rakva, hogy hatvanezer aranyra becsülték».[1] Büszkélkedett is benne mód fölött, egy lengyel belekötött, de Ujlaki arczul csapta s ezért a királyok dicséretét nyerte jutalmul.[2]

A magyar különben, bár házának berendezése nem volt valami fényes, sokat adott a külső megjelenésre, öltözetére, lovára és fegyverére. Az elfogult idegen szobatudós úgy találta, hogy «minden gondjuk csak lovukra és fegyverükre veszett, itt szokták az aranyat, ezüstöt s gyöngyöt hordani, hajukat is gyöngyös koszorúval ékesítik és páratlan pompájú ruházatot viselnek, a mely még a római imperátorok díszruháját is fölülmulja, de másra nem igen van gondjuk».[3]

A mint azután Mátyás sírba szállott, a magyar király nem volt többé a vásárlók, a műpártolók között; szegény volt, nyomorult gazdálkodása folytán gyakran még a legszükségesebbekre sem telt neki. És ha *Ulászló* néha mégis ajándékoz műipari tárgyakat, mint például annak a horvát katonának, a ki Kinizsi alatt az alvidéken a török elleni hadjáratban kitüntette magát, «a kinek koronát, kétszáz aranyat és bíborruhát ajándékozott» ;[4] Geréb Lászlónak, kit egyebek közt egy roppant nagyságú ezüstserleggel ajándékozott meg;[5] továbbá Kassán a látogatására jött testvéreinek és ezek kiséretének;[6] ez is Mátyás hagyatékából került ki. Részben a nádor és Józsa juttatta ezeket János herczeg

[1] 601. IV. 3. Ujlaki István palástja Mátyás és Beatrix lakodalmán is föltünést keltett. «Rex Bosniae… pallio circumamictus acu picto et per totum ductum aureis filis atque perlis intertexto, supra quod erat amiculum aureum scapulare, in quo inserti erant quingenti adamantes, et aliae gemmae plurimae, et pendebat auri libras triginta quinque.» A *pfalzi követ* jelentése. *(Schwandtner,* 1. p. 512.)

[2] 601. IV. 3.   [3] 653. IV. 7.   [4] 731. V. 3.   [5] 729. V. 3.

[6] Az ajándék rendkívül becses volt: tíz remekművű, hatalmas méretű gyöngyös serleg, aranynyal átszőtt bíborruhák és harmincz paripa aranyos és gyöngygyel rakott szerszámmal, takaróval és nyereggel. 734. V. 3.

leverése után Ulászló kezére, hogy kegyét megnyerjék,[1] részben pedig Kinizsi Pál szerezte vissza őket véres harczokon a töröktől: 1493-ban hadi zsákmány gyanánt «sok arany-, ezüstedényt, perzsa szőnyegeket, gyöngyös serlegeket, értékes háziszereket szerzett vissza, köztük László király (azaz a váradi székesegyház) ezüstgyertyatartóit, a melyeket Alibég ragadott el még Mátyás korában, a mikor Váradot fölgyujtották».[2]

Ugyancsak Mátyás hagyatékával pompázik Ulászló, mikor 1496-ban pünkösd másnapján az országgyűlés folyamán a püspököket és főurakat vendégül látta. Tizenhét fokú pohárszéke arany- és ezüsttárgyaival mindenkit bámulatra keltett. A felső fokon két természetes nagyságú *hattyú* díszlett, köztük kristálylámpások s különféle serlegek ragyogtak, a többi fokon gyöngyös kancsók, palaczkok, aranykupák és korsók állottak. A legalsó fokon a használatra szánt domborművű, aranyos ivóedények foglaltak helyet, a többi csak a pompa és látványosság kedvéért volt kiállítva. Az ebédlő pamlagjait a legdíszesebb *szőnyegek* takarták, melyeken a trójai háború jelenetei vannak gyönyörűen kiszőve. *Mindez egykor Mátyás királyé volt».*[3]

A *magyar urak* azonban föntartják Mátyás hagyományát.

---

[1] Az 1496-diki országgyűlés lakomáján kiállított műtárgyakról: «Haec omnia Matthiae regis quondam fuerant, sed interregni tempore, Joanne Corvino profligato, per Palatinum et Josam ad Uladislaum colligendae eius benevolentiae causa, ut fama hominum erat, fuerant delata.» 748. V. 5.

[2] 730. V. 3.

[3] «Abacum gradibus septemdecim instructum exposuit, qui gemmato elaboratoque auro atque argento onusti omnium ad se oculos traducebant. Supremum ordinem duo *cygni* naturalis formae et magnitudinis tenebant, inter quos *laternae crystallinae,* variaque pocula erant interiecta, reliquos ordines gemmatae phialae, lagenae, cuppaeque aureae, canthari, scyphi, chiotae tineae, hydriaeque quattuor eximiae coena Domini destitutae. Chrysendeta vero et anaglypha multa ad novissimum gradum suberant, cui ea tantum commissa erant, quae usui convivarum essent, cum superiora omnia pompae atque spectaculo inservirent. Triclinium vero aulaeis erat nobilissimis convestitum, in quibus *Troiani belli series* nimio artificio summoque opere erat intecta. Haec omnia Matthiae regis quondam fuerant»... etc. 748. V. 5. Bonfininek, mint szemtanunak, ezen leírásához kétség nem férhet. A «trójai történetet ábrázoló remek mű, mely a picardiaihoz hasonló módon készült», II. Ulászló lakodalma alkalmával, a franczia királyné egyik követének is nagyon tetszett. *Szamotánál,* Régi utazások. 145. l.

Mikor Ulászlót koronázzák, mintha Mátyás fényes udvartartása újulna meg előttünk: «Különféle gyöngygyel rakott ruhákat lehetett itt látni az egész világ bámulatára, továbbá szinte az emberi képzeletet felülmuló módon fölszerszámozott paripákat, melyek nem csupán aranynyal és ezüsttel, hanem drágakövekkel is tele voltak rakva. Növelték a bámulatot a fegyverek is, mert arany- és ezüstsisakot és gyöngyös pánczélt viseltek szokás szerint magas forgókkal. Az állatok különféle aranyos és ezüstös nyerget hordtak, a melyek csak úgy csillogtak a drágakövektől».[1]

***

Ennyi mindaz, a mivel Bonfini a magyar iparművészet történetéhez járul. Adatainak hitelessége ott is, a hol a régibb korokról írtában régi magyar szerzők nyomán indul s ott is, a hol mint szemtanu jegyzi adalékait, egészében és nagyjában kétségbe nem vonható. De le kell számolnunk túlzásra hajlandó frazeologiájával és főként büszke olasz nemzeti önérzetével, a mely iparművészet terén is minden haladást és kiváló alkotást Beatrix királynénak s kiséretének jövetele óta számít. Azelőtt, úgy képzeli Bonfini, maga Mátyás valóságos barbár fejedelem volt, nem voltak arany-, ezüstedényei és ékszerei, termeit nem borították pompás szőnyegek, sőt asztalán terítő sem volt s ha volt is, piszkos, silány holmi lehetett s neki is, mint a magyar uraknak általában, csak fényes öltözködésre, lovaira s hajára volt gondja, egyébbel semmit sem törődött s csak Beatrix királyné ösztönzésére cserélte föl a magyar barbárságot az olasz műveltséggel.[2] De állítsuk csak ezekkel szembe magának Bonfininak

---

[1] «Ibi varios et gemmatos habitus toto orbe spectabiles: ibi phaleratos et supra hominum opinionem excultos equos, non solum auro et argento, sed lapillis onustos spectare licebat... Augebant admirationem et arma: quando aureas argenteasque galeas et thoraces gemmatos insignesque more christati, gestabant. Varia ex auro argentoque animalia et discintillantia prae lapillis ephippia ferebant.» 695. IV. 10.

[2] «Nulla domi gemmata pocula, nec chrisendeta, myrrhinave, nullis atria aulaeis vestita; nullus, vel si quid, raro videbatur, et ipse quoque incultus ac rudis apparatus, sordidae in quadrata mensa mappae, cultus omnis ad equos et arma translatus, ibi aurum, gemmas et argentum gestare mos erat; item excolere comas, gemmata serta gestare, habitu lautissimo uti, qui

adatait arról a királyi pompáról, a melyet Mátyás koronázásakor, a boroszlói fegyverszünet áldomásán s a Beatrixért küldött követség alkalmával, tehát Beatrix jövetele *előtt* kifejtett s látni fogjuk, mekkorát ártott szerzőnk hazafias büszke önérzete történetírói higgadt itéletének. Ismerjük és elismerjük Beatrix érdemeit, tudjuk, hogy az első hely illeti meg királyasszonyaink sorában, a kik Gizellától Mária Teréziáig oly sokat tettek, hogy a nyugoti művelődést a magyar földön meghonosítsák. Tudjuk, hogy Mátyás hagyatékából fönmaradt műemlékeink nagy része idegen kezek alkotása. De azt is tudjuk, hogy épen Beatrix unokaöcscse, Hyppolit esztergomi érsek arany- és ezüstedények, serlegek, boglárok készítése végett nem Olaszországba fordult, hanem Budán, Körmöczön és Nagybányán tett megrendeléseket s a leltáraiban fölsorolt műkincsek közül több darab erdélyinek van jelezve. És általán számtalan hiteles adat alapján jogunk van föltenni, hogy azon mennyiségre és műértékre nézve jelentékeny ötvösművek, melyek a XIV—XVI. századból hazai egyházainkban és műgyüjteményeinkben fönmaradtak, túlnyomó részben magyar mesterek alkotásai.[1] Eddigelé csak ötvösművességünk történetét ismerjük részletesebben, de reméljük, hogy a jövő kutatások azt is ki fogják deríteni, hogy az iparművészet egyéb ágaiban is kiváló szorgalma és sikere volt a magyar mestereknek.

3. *Kereskedelem.*

A régi magyarországi kereskedelem történetéhez Bonfini nem járul oly részletesen szinezett adalékokkal, mint iparművészetünk történetéhez.

trabes Romanas exuperet, caeteras parum artes curare. Postquam autem regina venerat ... Scythicis Italicos mores inseruit» ... etc. 653. IV. 7.

[1] *Fraknói,* A magyar nemzet története. (Millenáris díszmű.) IV. köt. 623. l. Bonfininál csupán két nyomát találjuk a magyar *ötvösségnek:* Budán, Albert halála után a magyar s német polgárok czivakodása folyamán Ötvös János a magyar párt vezére (435. III. IV. V. ö. *Thuróczi,* IV. c. 25. [Schwandtner I. p. 238.]) és *Beszterczén:* Nagy Lajos uralkodása idején az eltünt királyi pecséteket egy beszterczei ezüstművesnél találták meg összetörve. («Regalia sigilla clam subtracta ... in Bistricia paucis post annis apud argentarium comminuta fabrum comperta sunt.») 375. II. 10. V. ö. *Küküllei* János krónikája, c. 33. (Schwandtner I. p. 190.)

Őseink, szerinte, már a Maeotis-tó partján laktukban keres-
kedtek menyétprémmel s mikor a bessenyők elűzik őket lakó-
helyeikről, azért jönnek mai hazájukba, mert a Duna völgyét e
kereskedésük révén már régebben jól ismerték.[1]

A *kalandozások* kora, szerzőnk előadása szerint, nem ked-
vező a kereskedelemre. Szükség nincsen rája, maguk a kalan-
dozó magyarok szerzik meg erőszakkal, a mire szükségük van.
Ez az értelme azoknak a szavaknak, melyeket szerzőnk Koppány
ajkaira ad s a melyekben ez a béke apostola, Szent István király
ellen fölhányja, hogy «békével és renyheséggel elgyengíti ezt a
harczias népet; nyomorúságos békét parancsol, pedig hát a
magyarok erőszakkal, háborúval szokták megkeresni kenyerü-
ket».[2] Más alkalommal Bonfini élénk szinekkel rajzolja a kalan-
dok anyagi sikereit; a 901-diki német háborúkból «nem volt
senki sem, a ki nagy zsákmány nélkül tért volna haza. Oly nagy
volt a rabszolgák száma, hogy másutt éhen haltak volna, csak
Pannonia termékenysége bírta valamennyit eltartani. E kalando-
zás folytán az oly sok háborútól kimerült Pannonia úgy megtelt
aranynyal s ezüsttel, hogy az államnak nem volt szüksége a pol-
gárok adójára és nem is vertek semmiféle pénzt, csak külföldi
pénzt használtak.[3]

Mikor azután a kereszténység megszilárdítja a magyar tár-
sadalmi viszonyokat, *I. Béla* király a testvérharczok egy lucidum
intervallumában végre ráér a kereskedelmi viszonyok szabályo-
zására is. «Tiszta aranyból veretett pénzt, az árúknak megszabta
a megfelelő árát és hogy a pénzváltók vagy kereskedők ravasz-
sága az egyszerű és tanulatlan embereket rá ne szedje, törvényt
alkotott a pénzről és az árúkról. Ha ezeket kijátszották, nagy

---

[1] «Mutatis sedibus, quia murinarum pellium commercio noti sunt,
utrasque Danubii ripas occuparunt.» 23. I. 1. *Jordanis* cap. 5. (Ed. *Mommsen*
p. 62.): «*Unuguri* autem hic sunt noti, quia ab ipsis murinorum venit com-
mercium», az *unuguroknak* azonban, bár sokan össze akarják téveszteni,
semmi közük a magyarokkal. V. ö. *Pauler,* A magyar nemzet története szent
Istvánig. Budapest, 1900. 339. l.

[2] «... cum vi et bello Ungari victum semper traxerint.» 201. II. 1.
A beszéd teljesen Bonfini koholmánya, *Thuróczi* egy szóval sem említi.

[3] 182. l. 10. *Thuróczi* (II. c. 24., Schwandtner I. p. 91.) csak a vercelli
székesegyház kincseinek elrablásáról ír ; ehhez fűzte hozzá Bonfini képzelete a
fent közlött sorokat.

kára volt belőle a szegényeknek, de ha kellő gonddal alkalmazták őket, sem az adásnál, sem a vevésnél senki sem károsodott. Monopoliumokat szervezett, a szombatot rendelte a kereskedés napjává és minden vásárnak megszabta a maga helyét és idejét. A byzanczi aranyat hozta forgalomba, ezekből egynek-egynek negyven ezüstpénz volt az értéke. Ezen arany- és ezüstpénz volt tehát forgalomban és míg Béla élt, semmi sem változott.»[1] Ezután sokáig semmi nyoma Bonfini elbeszélésében a magyar kereskedelemnek. Csak közvetve tudjuk meg a tatárjárás leírásánál, hogy mivel *Esztergom* volt a királyi székhely, a franczia, német és olasz kereskedők nagy számmal szokták fölkeresni.[2]

Különösen az *olaszok* közvetítik hazánkkal Kelet-Nyugot árúit. Országszerte mindenütt megfordulnak,[3] de különösen Budán voltak telve árúházaik «csodás gazdagsággal», mely az Albert király halálát követő zavarok idején a népet dús zsákmányolásra csábította.[4] Érdekes látnunk, hogy minden időben a királyi székhely volt az ország kereskedelmi központja, úgy hogy Oláh Miklós 1536-ban, bár bőven ír Esztergomról, kereskedelmét egy szóval sem említi, de annál részletesebben ír Buda kereskedelmi nagy fontosságáról és forgalmáról.[5]

Mátyás az 1486-diki nagy törvényhozás idején a kereske-

---

[1] 231. II. 3. Majdnem szóról-szóra megegyezik *Thuróczival* (II. c. 45. Schwandtner, I. p. 112.), a ki viszont a *Képes Krónikát* írja ki (c. 52. Fontes Dom. II. 166—167.). Béla pénzei elődeihez és utódaihoz képest semmi változást sem mutatnak. V. ö. *Pauler,* A magyar nemzet története az Árpádok korában. I. 1. 554. l. és *Réthy* László : Corpus Nummorum Hungariae. I.

[2] «Mercatores multi e Gallis, Germanis Italisque convenerant.» 327. II. 8. *Odo de Diogilo* franczia író, ki 1147-ben a második keresztes haddal hazánkon keresztül utazott, szintén kiemeli, hogy «a Duna számos ország kincsét és gazdagságát hordja össze a hires Esztergomba». *Szamota,* Régi utazások. 25. l.

[3] Kis Károly meggyilkolása után ellenük fordul a tömeg dühe «qui multa in Pannonia negotia habebant.» 391. III. 1. *Thuróczi,* III. c. 8. *(Schwandtner,* I. p. 212.)

[4] «Suspectas primum aedes expugnant, negotiatorum opibus mirifice completas ... Adaucta vulgi licentia, in alios externos, et in *Italos* vel maxime negotiatores, praedae cupiditate, fit impetus.» 436. III. 4. Forrása, *Thuróczi* (IV. c. 25. Schwandtner p. 228.) csak a *német* kereskedők kirablását említi.

[5] Hungaria c. 5. *(Bél,* Adparatus p. 10.) «Oppidum ipsum Budense celebre est, Italis, Germanis, Polonis et nostra hac aetate, Turcis quoque, mercatoribus eo confluentibus, veluti ad totius Hungariae emporium.»

delem védelmére és fokozására is nagy gondot fordított. Megszüntette azt a visszaélést, hogy a hitelezők a vásártéren tartóztattatták le az adós kereskedőket s egyéb adósokat.[1] Nagyobb rend és biztonság érdekében megtiltotta, hogy bárki is fegyveresen jelenjék meg az országos vagy heti vásárokon.[2] A megyei tisztviselők kötelességévé tette, hogy ellenőrizzék az utakat és vámokat, hogy a bérlők és vámtulajdonosok a vásárosoktól és a vevőktől a rendesnél több vámot ne szedjenek.[3] Végül a legkeményebb megtorlás terhe alatt tiltotta a katonákat — a törvénykönyv különösen a *huszárokat* említi — hogy ne raboljanak, hanem mindenért, a mit vesznek, törvényszabta árat fizessenek.[4]

A hatalmas királynak kétségtelenül ereje is volt hozzá, hogy törvényeit végrehajtsa. Élénk kereskedelem indult meg, nem csupán a németekkel és olaszokkal, hanem éjszakon a lengyelekkel is,[5] különösen azóta, hogy Mátyás hatalmas karja az éjszaki vidékeket nyugtalanító cseh rablók erejét megtörte, a kik azelőtt útonállásukkal minden kereskedést lehetetlenné tettek.[6] Még a törökkel is igen élénk kereskedés indul meg az alvidéken, a keresztény és mohamedán világ szárazföldi kereskedésének természetes találkozó helyén, úgy hogy mikor 1495-ben e helyeken néhány községben tűzvész pusztított, a fölhalmozott s elégett árúk értékét 60.000 aranyra becsülték.[7]

[1] 650. IV. 7. 1486-diki (VI.) decretum 17. czikkely. *(Corpus Juris* Hung. Bpest, 1900. I. 420. l.)

[2] 650. IV. 7. 1486-diki 66. czikk. *(Corp. Jur.* Hung. I. 458. l.)

[3] 651. IV. 7. 1486-diki 35. és 36. czikk. *(Corp. Jur.* Hung. I. 434., 436. ll.)

[4] 650. IV. 7. 1486-diki 30., 31. és 62. czikk. *(Corp. Jur.* Hung. I. 430., 432., 454. ll.)

[5] Mátyás lengyel kereskedőktől értesül a Keleten maradt magyarok hollétéről : «a Sarmaticis quibusdam mercatoribus acceperat»... etc. 40. I. 2. *Oláh* (i. h.) egyenesen lengyel kereskedőket említ.

[6] «Ulteriorem Ungariae plagam, quae ad Boemiam Poloniamque spectat, sic infestam reddidere, ut nemo tutus ibi terram incoloret, aut iter faciat.» 502. III. 7.

[7] «In inferiore Ungaria magno oborto in quibusdam villis, ubi mercatus Christianis et Turcis communis *frequentissimus* habebatur, incendio, merces omnes cum sexaginta circiter millium nummum aureum detrimento combusta sunt.» 746. V. 5. V. ö. *Oláh,* i. h.

Mátyás halálával azután itt is a hanyatlás, a rendetlenség zavaros képével találkozunk. Olvasunk firenzei kereskedőkről, kiket a nálunk portyázó (1491) török csapatok kirabolnak.[1] Még elszomorítóbb, hogy a királynak arra sincs ereje, hogy a belföldi kereskedelmet megoltalmazhatta volna az erőszakoskodásoktól; Ujlaki Lőrincz kapitánya, Dombai Imre, Bornemissza királyi kapitány egyik falvára tört, épen mikor vásárt tartottak s a kereskedőket mindenükből kifosztotta[2] s a király éveken át nem bírta Ujlakit rendre, engedelmességre szorítani.

Mik voltak a belföldi és átmeneti kereskedés főbb árúcczikkei, szokottabb útjai, forgalmi nagysága és közlekedési viszonyai? Bonfini e kérdésekre egyáltalában nem felel s ezekben is történelmünk egyéb forrásaira kell hagyatkoznunk.

[1] «Mercatores etiam Florentinos quosdam, qui in Hungaria negotiabantur, in servitutem redegerant. 715. V. 2.
[2] 744. V. 5. az 1495. évhez.

HARMADIK FEJEZET.

Tudomány és művészet.

A renaissance és a régi magyar művelődés találkozása. Művelődésünk fejlődésének akadályai: török, cseh, lengyel pusztítások; belső zavarok. Művelődésünk fejlődésének tényezői. Az Anjouk és a renaissance kezdete. A római uralom emlékei Magyarországon. Épületmaradványok és föliratos emlékek. Az iskolázás. Királyaink nevelése. Külföldön tanult magyarok. *A tudományok* Magyarországon. Történetírás. Orvostudomány. A renaissance hatása. Mátyás udvarának idegen és magyar tudósai. Könyvtárak: Mátyásé és Vitéz Jánosé. Magyar humanisták. Janus Pannonius. *A művészetek.* A) *A műépítés.* Egyházi építkezések az Árpádok és Anjouk korában. A renaissance és a világi építkezés. Zsigmond budai palotája. Hunyadi János építkezései. Mátyás elméleti képzettsége az műépítésben. Építkezései Budán, Székesfehérvárott, Visegrádon, Tatán, Komáromban, Bécsben. Főpapok (Vitéz János, Pruisz János és Nagylucsei Orbán) építkezései. B) *A képírás.* Mátyás udvarában és Vitéz esztergomi palotájában. C) *A szobrászat.* A régi magyar szobrászat alkotásai. Mátyás udvarának szoborművei. D) *A zene és ének.* A vonós és fúvóhangszerek, orgonák. A renaissance hatása a magyar urakra.

A magyarság szellemi életének története különösen lekötelezettje Bonfininak. Ez az a tér, a melyet kiváló érdeklődéssel rajzol, nem egyes, szétszórt adatokkal, hanem egész összefüggő fejezetekkel. Kiváló érdeklődését egyrészt a maga szellemi irányának, humanista buzgalmának, másrészt nemzeti és egyéni büszkeségének róhatjuk föl, mert a nagy király kegyéből e téren magának is elég élénk szerep jutott osztályrészül. Aprólékos gonddal, igaz melegséggel kidolgozott szines rajzban tárja elénk a nagy királynak egész életét betöltő szüntelen munkásságát, hogy az olasz szellemtől fölfrissített s tovább fejlesztett ó-kori művelődést a magyar földre átültesse és nagyra nevelje. Látjuk, mint áll mellette a legfényesebb olasz udvarok egyikének neveltje, Beatrix királyné, irányítóul, buzdítóul, sőt bizonyos mértékben vezető gyanánt;

mint honosítják meg az Itáliában járt és tanult főpapok a maguk körében az olasz renaissance szellemét. Másrészről látjuk, mily jól érzik magukat a nemes urak ősi egyszerűségükben, mennyire nem szeretik a modern idegen műveltség szellemét, mert ők mindenek fölött igazi magyarok akarnak maradni. A modern és a conservativ szellem össze-össze tűz, kemény harczot vív egymással, de győzni egyik sem tud. A renaissance megtartotta fényes állását Mátyás udvarában, sőt azután is, el egész a mohácsi vészig, a királyi és főpapi udvarokban, de — szerzőnk úgy találja — a magyarság körében, még a legintelligensebb körökben is alig tudott hiveket toborozni.

A régi és új szellem érdekes küzdelmének érdekes szemtanúja, részese és történetírója Bonfini. Természetesen, mint maga is az egyik párt harczosa, elfogult a másik pártiakkal szemben, de ezzel könnyen leszámolhatunk és gazdag részletezésével feledteti ezt a fogyatkozást.

A magyar nemesség, úgy látja ő, nem több, mint katona s ez szabja meg művelődésének is egész irányát. «Nem törődtök — e szavakat adja szerzőnk Mátyás ajkaira — a különféle tudományokkal, mesterségekkel és a kereskedelemmel, a legtöbben közületek fegyvert viselnek, úgy, hogy el sem tudnátok lenni a nélkül, hogy örökösen ne harczoljatok».[1] Ez az örökös hadakozás szerinte az oka, hogy oly kevés a magyar iró.[2] Mert a magyar csak fegyverére, lovára gondol, aranynyal és drágakővel ékes szerszámot rak rája, maga is rendkívül fényesen öltözködik, a haját szépen gondozza, de másra alig van gondja.[3]

Mindez azonban érthetővé válik, ha kellő figyelemmel mérlegeljük magának Bonfininak azon adatait, melyek a magyar szellemi *művelődést gátló körülményekre* vonatkoznak.

A magyar rokontalanul áll Kelet-Nyugot határán, ösztönszerűen kell tehát ragaszkodnia ősi hagyományaihoz, hogy nemzeti függetlenségét és különállását megőrizhesse. Másrészt keletről-nyugotról folyton ellenségek zaklatják, kénytelen tehát

---

[1] 575. IV. 2. L. föntebb 70. lap 1. jegyz.

[2] «Aliud de viro (III. Istvánról) quicquam, quando tanta scriptorum inopia *bellicosa semper Pannonia* laboravit, invenire nequivimus». 297. II. 6.

[3] 653. IV. 7. L. föntebb 88. l. 1. jegyz.

örökösen fegyverben állani, paripán ülni és e közben alig van rá ideje, hogy a magasabbrendű nyugoti műveltséget különös gonddal ápolja és tovább fejleszsze.

Délen, már egy század óta, a keresztény művelődés hatalmas ellensége, a *török* zaklatja az országot. Folytonos portyázással, rablással az alvidék anyagi fejlődését is teljesen megbénítja : Szerémség már Zsigmond alatt annyira elpusztul, hogy virágzó városainak nyoma is alig marad,[1] a Duna, Tisza közéről is roppant tömegekben hurczolja ki a török a munkás kezeket.[2]

Éjszakon a töröknél is gonoszabb ellenség, a *cseh* garázdálkodik.

Giskra, Udeczki, Axamith, Telephus, Komoroczki, Valgatha és mások a vezérei ezen rabló csapatoknak. A felvidék majdnem minden számba vehető várát ellepik s rablófészkükből minden megtorlás nélkül pusztítják a környék lakosságát. A nép az örökös zaklatás és rablás elől erdőkbe, barlangokba huzódik, s ott állatok módjára kénytelen élni ; a földmívelés, ipar, kereskedelem teljesen elakad. Gyilkos pusztításuktól a délibb vidékeket sem kimélik ; még Pest alá is eljártak és Új-Budavárából gyakran lehetett látni őrtüzeiknek s az általuk fölgyujtott falvaknak füstjét.[3] Husz esztendei garázdaság után csak Mátyás hatalmas karja tudja a rablók erejét megtörni. (1460.)

Az éjszaki határszéleken, Homonnán és Nagymihályon egy ideig *a lengyelek* pusztítanak rablóváraikból, míg Czupor vajda és Jaksics a boroszlai fegyverszünet (1474) után ki nem írtja őket.[4] Később, Albert trónkövetelése idején a lengyel csapatok szintén sokat garázdálkodtak.[5]

Vegyük mindezekhez a belső villongásokat, *a polgárháborúkat,* melyek az Árpádok alatt és később is, Zsigmond [6] és Albert [7]

---

[1] «Syrmiensis ager, qui tot urbibus oppidisque florebat, ita populatus et aversus est, ut vix nunc tot civitatum perpauca vestigia supersint». 410. III. 2. — *Galeotto,* De dictis etc. c. 27. [Schwandtner, I. p. 557.] még túlzó elragadtatással ír Szerém szépségéről és gazdagságáról, a török pusztítás rajza azonban, melyet *Verancsics* ad 1553.-i utazási naplójában [Mon. Hung. Hist. Script. II. p. 288. sequu.], igazán elszomorító.

[2] 410. III. 2. és 454. III. 4.

[3] 452. III. 4. 502. III. 7. 543. III. 10.

[4] 602. IV. 3.   [5] 717. V. 2.   [6] 426. III. 3.   [7] 450. III. 4.

halála után sújtják az országot, a Czilleiek garázdaságát,[1] *a jobbágylázadást* Zsigmond alatt,[2] és érteni fogjuk, miért nem birt a magyar a nyugoti művelődésben vezető, vagy csak a többi nyugoti államokkal egyenlő szerepre is kerülni.

Másrészt azonban voltak tényezők, a melyek művelődésünk gátló okait ellensulyozták és végső eredményben odavezettek, hogy elmaradottságunk még sem oly kiáltó, mint ellenségeink hirdetni szokták és még magunk is gondoljuk.

E tényezőkről azonban Bonfini javarészben hallgat s nemzeti önérzete csak az olasz földről jövő művelődési hatást emeli ki, jóval az igazság mértéke fölé.

Mindenekelőtt *az Anjou-ház* műveltsége s a magyar művelődésre gyakorolt hatása ragadja meg szerzőnk figyelmét. «Petrarca Ferencz — írja Bonfini — Róbertet (a nápolyi királyt, Károly Róbert magyar király testvérét) kora többi fejedelmei fölé helyezi; mert igen szereti a tudományokat, a tudós férfiakat és maga is minden tudományban kiváló»,[3] annyira, hogy «azon kor páratlan díszének nevezték».[4] A renaissance műveltségéhez való ugyanaz az érzék és buzgóság jellemzi az Anjouk magyar ágát is. *Nagy Lajos* «a legnagyobb szeretettel művelte a tudományokat, különösen az astrologiát; semmibe sem kezdett, míg a csillagok állását meg nem figyelte».[5]

A *római uralom magyarországi* egykori hatalmának *emlékei,* a pannoniai és dáciai városok fönnmaradt romjai szintén nagyban fokozhatták a magyarországi humanistáknak buzgalmát. Középkori krónikáink képzeletét is megragadták a római városok

---

[1] 452. III. 4.

[2] 426. III. 3.

[3] 350. II. 9. A nápolyi Anjou-háznak kétségtelenül nagy érdemei vannak a kezdődő renaissance történetében. Nápolyi Róbert *Petrarca* pártfogója volt, *Boccaccio* is a nápolyi udvarban fejtette ki legnagyobb tevékenységét; szépirodalmi műveit tizenöt esztendőn át Róbert unokájához, Máriához (Fiametta!) való szerelme inspirálta. V. ö. *Geiger,* Renaissance und Humanismus in Italien und Deutschland. Berlin, 1882. 49. és köv. ll.

[4] 360. II. 10.

[5] «Omnia litterarum studia avidissime novit, ac imprimis Astronomiam, qua inconsulta, nihil sibi placuit auspicari». 376. II. 10. — *Küküllei* János krónikája c. 39. (Schwandtner, I. p. 193.): «Qui etiam post bellicam gloriam, scientia literarum clarus fuit, in astronomia avidissime laboravit.»

és táborhelyek romjai s ezekhez kötötték a hunn-római harczok mondáit, a Maximus és Detre ellen vívott nagy küzdelmeket.[1] A pannoniai és dácziai római hódítás és uralom történetével ismerős humanisták nem ily naiv hittel, de annál nagyobb lelkesedéssel tekintettek e romokra, mint a hogy Itáliában is Róma romjainak kegyeletes csodálata és tanulmányozása volt az ókori tanulmányok egyik legállandóbb tényezője és ösztönzője.[2] Bonfini, ki az ókor iránt való lelkesedésében még a magyar történelem elbeszélésébe is beleszövi, ha Itáliából valamely ókori emlék vagy fölirat találásának hirét veszi, nagyon természetesen lehetőleg teljes jegyzéket ad a Magyarországon akkor már ismert föliratos emlékekről s a római városok maradványairól is.

Azt nem gondolhatjuk, hogy szerzőnk valamennyit a hely szinén láthatta s leírhatta volna. Azt kell tehát föltennünk, hogy magyar humanistáink kutatták föl és írták le őket, Mátyás udvarában is beszéd tárgyává tették őket és Bonfini így szerezhetett róluk tudomást.[3] Első amateur-gyüjtőink egyikének emlékét maga Bonfini őrizte meg számunkra. Tholnai *Bornemissza* János, alkincstartó Nagylucsei (Dóczi) Orbán kincstartó oldalán,[4] a kitünő magyar humanistának, Oláh Miklósnak pártfogója, «második atyja»,[5] régi pénzeket gyüjtött. Több pénzt mutatott Bonfininak, a melyeknek verete gyűrűt tartó hollót ábrázolt.[6] — Szerzőnk épen ezen és egyéb Budán talált s különösen a Nagy Constantin-féle pénzek alapján erősödött meg abban a véleményében, hogy a

---

[1] E körülményre, egyetemi előadásai folyamán, *Marczali* Henrik úr figyelmeztetett.

[2] *Burckhardt.* A renaissancekori művelődés Olaszországban, «Róma a romok városa» cz. fejezet, Budapest, 1895. I. 243—258. ll.

[3] Mátyás korában tényleg három fölirat-gyüjtemény is keletkezett : Antiquusé, Apianusé és Giustiniano velenczei követé. *Salamon* Ferencz véleménye szerint (Budapest története I. 87. l.) az Apianus-féle gyüjtemény kézirata szolgált forrásául Bonfininak a föliratok közlésében.

[4] *Csánki,* Máty. udv. 30. l.

[5] *Oláh* maga nagy hálával emlékezik meg róla. Hungaria, c. 10. (*Bél.* Adp. p. 19—20.)

[6] Bornamissa... numismata *multa* nobis ostendit, quae corvum cum annulo respicientem referebant, et in Pannoniis ac Dacia reperta fuisse affirmabat. 543. III. 9.

Hunyadiak, a Corvin-család a római M. Valerius Corvinus családjától származik.[1] Humanistáink legnagyobb kegyelettel *Traján aldunai hidjának* maradványait bámul ták. Bonfini három izben is említi, hogy a hid néhány, koczkakőből rakott pillére még látható; de épen abból, hogy bővebb rajzát nem adja s különösen abból, hogy föliratát nem közli, joggal következtethetjük, hogy ő maga nem látta a római uralom ezen hatalmas emlékét, hanem pusztán mások elbeszélése nyomán indult.[2] Szintén másoktól nyert értesülés alapján tudta, hogy a római városoknak országszerte sok maradványa látható Dunáninnen, Dunántúl egyaránt.[3] Névszerint említi Sziszek,[4] Spalato[5] és Gyulafehérvár római kori maradványait, mely utóbbiakat a hódító Gyula vajda már «tüskével, bokorral egészen benőve» találta.[6]

A *Budán és Buda környékén* talált római maradványok rajzát szerzőnk már jóval szinesebben adja s ez kétségtelenül azt a látszatot kelti, hogy a saját megfigyelése után írja le őket. «Ó-Buda fölött, a Dunának ugyanazon oldalán, egy igen régi város romjai láthatók s köztük egy nagy körfalat (az aquincumi amphitheatrumot?) lehet észrevenni».[7] Ugyancsak Ó-Budán.

[1] «Multa haec eadem Imperatorum Romanorum numismata referunt. In Budensi agro ex aere et ex argento multa reperiuntur, quae ex altera Imperatoris Constantini caput ac nomen, ex altera parte virum cum Conservatoris inscriptione nudum referunt, qui frameam dextra tenet, laeva vero hasta nititur, corvus est ante pedes, annulum rostro gerens, qui suo ramo desidit, stantemque virum non secus ac dominum respicit. Quare multi *Constantinum imperatorem in Corvinos* non immerito retulere.» 543. III. 9.

[2] «In Danubio pontem erexit (Trajanus), cuius hodie quoque pilae nonnullae spectantur.» 7. I. 1. 34. I. 2. és 656. IV. 7.

[3] «Antiquae urbes, Romanae coloniae, quas ultra citraque Danubium quondam spectare licebat, nequaquam hodie, praeter vestigia, videntur.» 20. I. 1.

[4] «Sciscia, cuius pulchra adhuc extant monumenta» ... etc. 20. I. 1.

[5] «Salona, cuius vestigia ea supersunt, ut quanti momenti urbs illa fuerit, haud difficulter ostendant». 87. I. 6.

[6] Gyula: «in Transsylvania quum venatum proficisceretur, silvasque discurreret, Albam vetussissimam urbem, multa Romanorum monumenta referentem, succrescentibus undique vepribus et arbustis occupatam invenit.» 164. I. 9.

[7] «Supra Budam, veterem in eadem Danubii ripa, vetustissimae urbis vestigia nunc cernuntur, magnumque murorum ambitum referunt». 25. I. 1.

Beatrix házának alapozása közben egy követ ástak ki, a következő fölirattal: LEGIO SICAMBRORUM HIC PRAESIDIO COLLOCATA CIVITATEM AEDIFICAVERUNT, QUAM EX SUO NOMINE SICAMBRIAM VOCAVERUNT.[1] Ebből szerzőnk azt következteti, hogy itt állomásozott a legio I. auxiliatrix.[2] Buda környékén talált két sírfölirattal erősíti szerzőnk azon tételét, hogy a Hunyadiak ősei, a római Corvinusok Pannoniában is nevezetes szerepet játszottak, míg Pannonia a rómaiak kezén volt. A két fölirat a következő: COCCEIAE VELERIAE P. TENACIUS GEMELLINUS AUG. COL. APUL EX. TESTAMENTO P. TENACII VINDICIS E LEG. P. CL. D. D. D. A másik: EGNATIUS LEG. AUG. PR. E. C. L. PISO LEGATUS LEG. AIELIO E. MAXIMO CONS. ITEM MARCIUS P. F. SEXTIAMUS EPHESO. Különben, teszi hozzá szerzőnk, a Corvinusok pannoniai kiváló szerepét számtalan egyéb, Pannoniában és Dáciában lelt fölirat is bizonyítja.[3]

Budától kissé éjszakra, *Szent-Endrénél* az idő szintén nem birta elpusztítani Ulcisia Castra romjait. Egy hajdani templom bejáratánál talált sírföliratból szerzőnk azt következtette, hogy Domitianus császár idején a dákok ellen viselt hadjárat alkalmával itt állomásozott az egyik (a XIV. gemina) legio és ennek a legionak praefectusa lehetett a sírföliratban említett Flavius.[4]

A Duna mentén éjszak felé tovább haladva, *Esztergom alatt*, a Duna partján elterülő síkságon ismét egy másik (a X. gemina)

[1] Hogy e fölirat kétségtelen koholmány, már a XVIII. század végén kitűnő archaeologusunk, *Schönwisner* kimutatta és *Salamon* Ferencz is érdekesen fejtegeti (Budapest tört. 87. s köv. ll.).

[2] 25. I. 1. Ugyanerre vonatkozólag szerzőnk egy másik föliratot is említ, de szövegét nem közli: «Tertiam autem, quae legio auxiliatrix fuerat, supra Budam veterem fuisse reputamus: quod vetustissimum testatur Epigramma ibi effossum, et cuiusdam scholae speculatorum legionum adiutricum dicationem ostendit». 26. I. 1. Aquincumnál azonban nem az I., hanem a II. legio adiudrix állomásozott. *Kuzsinszky* Bálint, A római uralom tört. Magyarországon. (A magy. nemz. tört. I. k. CLXI. l.)

[3] «Testantur id innumera quae in Pannoniis ac Daciis Epigrammata reperiuntur.» 541. III. 9. A föliratok szövege u. o.

[4] «Extat adhuc murorum circuitus, a tergo nondum a livida vetustate deletus. Adhuc in veteris delubri limine lapis effossus est cuiusdam Flavii epithaphium referens.» etc. 25—26. I. 1. Ulcisia Castránál azonban nem a XIV. gemina legio, hanem csak egy kisebb csapat, a Cohors miliaria nova Severiana Sagittariorum állomásozott. *Kuzsinszky*, i. m. CLXIII. l.

legio maradványai ötlenek szemünkbe. Az itt talált fölirat Esztergom (Salva) hajdani kereskedelmi fontosságára vet világot: JUDICIO PRINCIPALI DOMINORUM NOSTRORUM, VALENTINANI, VALENTIS ET GRATIANI, PRINCIPIUM MAXIMARUM : DISPOSITIONE ETIAM ILLUSTRIS VIRI, UTRIUSQUE MILITIAE MAGISTRI EQUITIS, COMITIS : FOSCANUS PRAEPOSITUS LEGIONIS PRIMAE MARTIORUM, UNA CUM MILITIBUS SIBI CREDITIS, HUNC BURGUM, CUI NOMEN COMMER- CIUM, QUA CAUSA ET FACTUS EST, A FUNDAMENTIS ET CONSTRUXIT, ET AD SUMMAM MANUM OPERIS IN DIEBUS XLVIII. CONSULATUS DIVI NOSTRI GRATIANI AUGUSTI BIS, ET PROBI VIRI CLARISSIMI, FECIT PERVENIRE.[1]

Még odább haladva a Duna mentén, Ó-Szőnynél ismét egy táborhelynek, Brigetionak romjait találjuk.[2]

Dácziában szintén számos emléke maradt a római uralomnak. Szerzőnk «számtalan régi föliratból» állapította meg, hogy a góth és hun támadás előtt Dácziát római és szarmát gyarmatosok lepték el. De legjobban megerősítette ezen véleményében az Erdélyben csak nemrégiben lelt következő sírfölirat:[3] L. ANNIO FABIANO TRIUM-VIRO CAPITALIUM, TRIBUNO LEGIONIS II. AUG. QUAESTORI TURBANTIUM, TRIB. PL. PRAETORI, CURATORI VIAE LATINAE, LEGATO LEGIONIS X. FRETENSIS, LEGATO AUGUSTALI, PRIMO PRAEFECTO PROVINCIAE DARCOLOMARUM, ULPIANARUM, TRAIANARUM, SARMATICARUM : D. M. CIVIS SABINIUS, MILES LEG. XIII. GLIBRES A RATIONIBUS, VIXIT ANNIS XXX. CUI VALENS DUUM VIR COLECTOMINIA FLORENTINA, PARENTES INEFFICACISSIMI PEUXIO LATURNINO, LEGATO AUGUSTALI PRAEPOSITOQUE CONSULARI COLONIAE DACIAE, SARMATICAE L.D.D.D.[4]

Azon kiváló érdeklődés után, melylyel szerzőnk a római

---

[1] 26—27. I. 1. A X. gemina legio Vindobonában (Bécs) állomásozott. *Kuzsinszky*, i. m. CLXI. 1.

[2] «Non procul hinc (Tatától) a Danubii ripa, Romanae legionis vestigia pleraque supersunt, quam adhuc prae loci amoenitate, et feracitate soli, Latini gentis coloniam vocant.» 655. IV. 7. Brigetio a legio I. adiutrixnek volt szállása. *Kuzsinszky*, i. m. CLXI. 1.

[3] «Olim Romanis Sarmaticisque colonis, ante Gothorum et Hunnorum eruptionem tota Dacia complebatur, ut ex multis antiquorum lapidum inscriptionibus coniicere potui, et ex hac praesertim, quae in Transsylvania nuper inventa est» . . . etc. 7. I. 1.

[4] U. o.

uralom emlékeit kutatgatja, meglepő, mily kevés az, a mit művelődésünk egy másik tényezőjéről, az *iskolázásról* följegyez. Még a pécsi, ó-budai és pozsonyi egyetemeket sem említi egy szóval sem, annál kevésbbé szól a kolostori, székesegyházi, városi és falusi iskolák szervezetéről vagy tanulmányi köréről. De másrészt hazájában látta, mily nagy gonddal igyekeznek az olasz kényurak a modern műveltség elsajátításával és pártolásával pótolni legitim származásuk nagy hiányát. Szerzőnk is úgy tartja, hogy a «műveltség semmiféle ágától sem szabad vonakodnia annak, a ki azt hiszi, hogy uralkodásra van hivatva, hogy Istennek kedves, az embereknek hasznos lehessen».[1] Forrásai nyomán tehát figyelemmel kiséri *királyaink tanultságát* és iskolázását.

Szent Istvánt Theodatus és szent Adalbert nevelték; atyja már zsenge korában papokra és grammaticusokra bizta, hogy a vallás tanait s a tudományt egyaránt elsajátítsa. Maga István nagy kedvvel tanult és állandóan tudós papokkal érintkezett.[2] IV. Béla Mátyással, a későbbi kanczellárral és esztergomi érsekkel együtt nevelődött.[3] Károly Róbert fiainak Kenesius Gyula és Miklós, János nádor fia, a későbbi kalocsai érsek volt a nevelője.[4] V. László nevelőjének nevét szerzőnk nem jegyezte föl számunkra, de azt elbeszéli, hogy meg akarta szöktetni Frigyes császár udvarából, a miért életfogytiglan való börtönnel bünhödött.[5] A Hunyadi-fiuk nevelője Vitéz János volt,[6] Sanocki Gergelyről, a tudós lengyel humanistáról, Mátyás voltaképeni nevelőjéről szerzőnk nem tesz említést. Corvin Jánost atyja neveli szinte túlságos gonddal. Követek fogadásánál, díszebédeken mindig jobbjára ülteti, sőt betegség ürügye alatt gyakran visszavonul s a legünnepélyesebb aktusoknál is fiával helyettesítteti magát.[7] Nem csodálhatjuk, hogy az elkényeztetett gyermek nem tudta az életben helyét úgy megállani, mint az élet iskolájában nevelkedett atyja.

Ennyi mindaz, a mit szerzőnk a hazai iskolázásról följegyzett. A magyarok *külföldi iskolázásáról* is keveset ír; nem említi,

---

[1] 197. II. 1.
[2] 197. II. 1. és 200. II. 1. «Divinis codicibus incumbebat, adhibebat sibi sacrarum rerum praeceptores, quibus familiarissime et assidue utebatur».
[3] 323. II. 8.   [4] 346. II. 9.   [5] 503. III. 7.   [6] 521. III. 8.   [7] 656. IV. 7.

kik tanultak Páris, Bécs, Krakkó és Prága egyetemein, bár a
magyar hallgatók mindezeken nagy számmal jelentek meg,[1]
hanem csupán a maga kedves Olaszországában tanult magyarok-
ról emlékezik meg.

Olaszország egyetemein, első sorban a ferrarai főiskolán, a
classicai képzettségre törekvők fő találkozó helyén nyerték kiképp-
zésüket Ernuszt Zsigmond pécsi püspök,[2] Váradi Péter kalocsai
érsek, kit Vitéz János pártfogolt és Bologna egyetemére küldött;[3]
Fodor István szerémi püspök, Nagylucsei (Dóczi) Orbán királyi
kincstartó unokaöcscse, ki Ferrarában, majd Rómában tanult
kitünő eredménynyel és kiváló szónokká lett;[4] Báthori Miklós
váczi püspök, «kit italiai erkölcsök és tudomány diszítettek»[5] és
az olasz mesterek legkitünőbb tanítványa, Janus Pannonius.[6]

Hatással volt nem ugyan iskolázás, hanem utazás révén
az olasz műveltség Hunyadi Jánosra, ki Zsigmond kiséretében
Rómában járt (1433)[7] és néhány humanistával azontúl is föntar-
totta az érintkezést;[8] ugyanakkor Rómában járt Ország Mihály,
a későbbi nádor is.[9]

Milyen volt már most a *tudományos élet* Magyarországon?
Bonfini humanista egyoldalúságával kicsinyel minden tudományt,

---

[1] *Békefi* Remig: Közoktatás. (A magyar közoktatás története.) Külön
lenyomat a Matlekovics-féle: «Az ezredéves kiállítás eredménye» czimű mű
V. kötetéből. Budapest, 1898. 20—26. ll.

[2] «Optimis disciplinis, quas ab Italia accepit, venerandus.» 24. I. 1.

[3] «Accedebant literarum studia, quibus in Italia operam dederat.» Vitéz
nevelteti, kanonokká teszi és «propria quoque impensa Bononiae optimarum
artium studiis excolendum curavit. Mox ... in scribas regios insinuatus, cum
Matthiae serviret ab epistolis» ... 631. IV. 5. Életrajza *Fraknóitól,* Századok,
1883. 489., 729., 825. s köv. ll.

[4] «Ferrariae primum, deinde Romae humanitatis studia mirum in modum
eruditus, claro item ingenio et profusa eloquentia praeditus.» 645. IV. 6.
«Humanitate summa, item magna bonarum artim doctrina praeditus.» 6. I. 1.

[5] «Italicis moribus et disciplinis ornatus.» 6. I. 1. V. ö. *Galeotto,* De
dictis etc. c. 31. (Schwandtner, I. pp. 653—654.), ki egész fejezettel tiszteli meg.

[6] 593. IV. 4. Janusról, mint költőről, alább lesz szó. Bonfini adatai a
magyarok olaszországi iskolázását illetőleg sem teljesek. V. ö. *Békefi,* i. m.
22—23. ll.

[7] 538. III. 9.

[8] *Ábel,* Adalékok. 158—159. ll.

[9] 564. IV. 1.

a mely nem az ókori tanulmányokkal foglalkozik. Nem is nyomozza tehát, kik voltak a renaissance korát megelőző tudomány képviselői. Csupán Ivánka deákot említi, a ki I. Géza követe volt öcscséhez, Lamberthez Csehországba[1] és Albertet, a mohi csatában hősi halált halt esztergomi főesperest, a ki az egyházjogban bírt kiváló képzettséggel.[2]

Régi *történetíróinkról*, a renaissanceot megelőző magyar tudományosság egyik főágáról, szerzőnk elég kicsinylőleg nyilatkozik. Kiírja, szinte kizsákmányolja régi íróinkat s azután a czéhbeli író önhitt felsőbbségével veti szemükre tudatlanságukat és izléstelen nyelvüket. Általában nem sokra tartja megbízhatóságukat,[3] többre becsűli az idegen szerzőket[4] és az ókoriak iránt való elfogultságában még azt is kijelenti, hogy a magyarok eredetének kérdésében «a kiváló tekintélyű ókori íróknak, még ha hibáznak is, inkább hiszünk, mintsem hogy ezekkel (a magyar szerzőkkel) egyetértsünk».[5]

Tudatlanságukat abból magyarázza, hogy nem olvassák a régi írókat, csak a bibliát és ebből tákolják össze a régi népek történetét.[6] Gúnyosan jegyzi meg, hogy nem érti, miként vihetik föl a magyarok Árpád családfáját Noéig, holott egykorú íróik nincsenek s mikor ez a görögöknél és rómaiaknál is példátlan valami.[7] Szemükre hányja, hogy még a kalandozások korát sem ismerik. «Meglátszik ezen, mily kevés értékűek a magyar króni-

---

[1] «Ivanka literatus.» 243. II. 3. *Thuróczi*, II. c. 42. (Schwandtner, I. p. 122.)

[2] «Albertus Strigoniensis sacerdos, pontificii iuris consultissimus.» 323.II.8. *Rogerius*, c. 30. (Font. Dom. IV. p. 68.)

[3] «Si Ungaricae credamus historiae.» 86. I. 5.; «si eorum Annalibus fortasse crediderimus.» 161. I. 9.; «si quid Ungarorum Annalibus tribuendum est.» 331. II. 8. stb.

[4] «Caeteri vero scriptores, quibus auctoritate magis credere debemus»... etc. (Attila hadjáratairól) 96. I. 6.

[5] 29. I. 2.

[6] «Unnor et Magor cuiusdam Annalium scriptoris opinione Unnorum auctor fuisse traditur, qui cum nihil praeter Hebream historiam legerit, hinc omnium gentium originem ariolatur.» 40. I. 2.

[7] «Et illud admodum mirari videor, quam propriis isti scriptoribus caruerint, quibusnam monumentis in Noe genus (quod neque Graeci neque Latini factitarunt) referri possint.» 162. I. 9.

kák, mert hisz sok említésre méltó háborút, melyeket a gallok
és germánok ellen viseltek, valami tudatlan feledékenységgel
egészen elhallgatták.»[1]

Ezen tartalmi fogyatkozások mellett szerzőnket régi íróink
alaki fogyatkozásai nem kevésbbé megbotránkoztatják. Meglát-
szik rajtuk, mondja, hogy nem tanulmányozták az ókori szerzőket,
azért írnak oly rossz szerkezettel, művészietlen nyelven, azért zavar-
ják össze annyira a tulajdonneveket.[2] «De azért — veti utána —
megbocsájtunk nekik, mert elvégre is nem ékesszólást, hanem tör-
téneti igazságokat keresünk bennük»[3] és e kérdésben többször
érdemül tudja be nekik, hogy ha művészietlenül is, de igazat
írnak.[4]

A szerzőket s műveiket névszerint egyetlenegyszer sem említi
Bonfini, csupán csak általános kifejezésekkel utal rájuk: Ungaro-
rum Annales, Annales Ungarici, quidam Annalis scriptor, Unga-
rica historia, eorum Annales stb., de már tudjuk, hogy mindezen
nevek alatt Hartvic püspököt, Rogeriust, Küküllei Jánost és min-
denek fölött Thuróczi Jánost kell értenünk.

A régi magyarországi orvosok tudományáról szerzőnk, mint
a humanisták Petrarca óta az orvostudományról általában, szin-
tén kicsinylő ellenszenvvel nyilatkozik, egyrészt, mert az orvosok
nagyrésze a csillagjóslás babonájában hitt és azzal működött,
másrészt, mert viszont az orvosok sokban a humanisták ellenére
cselekedtek.[5] Szerzőnk gyakran megemlékezik régi királyaink
orvosainak «hiábavaló erőlködéseiről», a nélkül, hogy egyetlen
sikeres orvoslásukat említené.

---

[1] 164. I. 9. 187. I. 10. Később is «Nonnullorum regum, veluti Stephani (III.)
gesta cuncta nephario silentio praetereunt, quae praestantiores plerique scripto-
res minime praetermisere». 294. II. 6.

[2] «Ungarorum Annales, qui quamvis auctorum inscicia res incomposite
scribunt» ... 267. II. 5.; «nulla arte scripti, sed simplici tantum veritate prae-
diti.» U. o.: «ineptissime scripti sunt» ... 294. II. 6.; «ob linguae diversita-
tem nomina ita confundunt, ut Historiae veritatem saepe invertant». 249. II. 4.

[3] «Qua in re veniam damus, quia historiam potius, quam eloquentiam
quaerimus.» 294. II. 6.

[4] A dalmát kérdésben az olasz írókkal szemben: «Ungarorum Annales ...
nihil a veritate alienum commentari videntur». 267. II. 5.; «nihil a simplici
veritate dissentiunt». 359. II. 10.

[5] *Geiger,* Renaissance und Humanismus. 37. és köv. ll.

Kálmánnak halálos ágyán orvosa, az olasz Draco olyan erős tapaszt tett a fejére, hogy a «király agyvelejét is kiszívta».[1] Nagy Lajost Aversa ostrománál egy nyíl halálosan megsebzi, az orvosi segély azonnal kész, de «valóságos Isten csodája, hogy használt».[2] Kis Károlyt orvosai meghalni segítették: sebeibe mérget öntöttek és azután megfojtották.[3] Zsigmondot is csak arra tudják figyelmeztetni orvosai, hogy rendezze lelke és birodalma ügyeit;[4] Albert profluvies alvi-ján szintén nem segíthettek.[5] Hunyadi Jánosnak számtalan csatán megtört testét a belgrádi küzdelem után a forró láz pár nap alatt fölemészti. Orvosai Belgrádból Zimonyba küldik, hogy a levegőváltozás erőhöz juttassa. De «a láz napról-napra nőtt és semmiféle gyógyítás sem gátolhatta fokozódását, életéről lemondtak és hiábavaló az orvosok gondoskodása»,[6] épen úgy, mint pár hónappal utóbb Kapisztrán Jánosnál.[7] V. László gyors halálát német orvosai nem tudták másként megmagyarázni, mint hogy valaki megmérgezte. «A mérgezés sok nyomát találták rajta — mondták később orvosai — tudták ők már előre s meg is mondták magának a királynak is, hogy meg fogják mérgezni. De a király hallgatást parancsolt rájuk, hogy vele együtt őket is meg ne mérgezzék».[8]

Mátyásnak szintén sok a baja orvosaival. Mikor a moldvai hadjáratban (1467 decz.) nyíl furódott a vállába, orvosai nem bírták kihúzni és négy esztendő mulva magától esett ki.[9] Később, különösen élete utolsó éveiben, állandóan több orvost tart maga mellett.[10] Szerzőnk azonban ezek közül csak egyet említ meg névszerint: Julio de Migliót (Julius Aemiliust), a kiben Mátyás legtöbbet

---

[1] 274. II. 6. *Thuróczi,* II. 62. (Schwandtner, I. p. 138.)

[2] 365. II. 10. *Küküllei,* c. 19. (Schwandtner, I. p. 183.)

[3] 391. III. 1.

[4] 431. III. 3.

[5] 440. III. 4.

[6] 516. III. 8.

[7] 518. III. 8. Az utóbbi öt esetben Bonfini maga teszi hozzá forrásaihoz azt, a mit azok nem említenek: az orvosok haszontalan fáradozását.

[8] 525—26. III. 8. Ezt a különös fölfogást *Aeneas Sylvius* is, mások is elbeszélik. V. ö. *Teleki* József gr.: A Hunyadiak kora. II. k. 564. l.

[9] 572. IV. 1. és 576. IV. 2.

[10] Névszerint ismeretesek: Fontana Ferencz, Bressiai Ferencz, Baptista Canano, Floreno Egano, Valori Fülöp, Julius Aemilius (Julio de Miglio) és

bízott.[1] Az olasz orvos, írja szerzőnk, sok időn keresztül hűségesen gondozta a nagy királyt, de mikor ez egy másik olasz orvost (Valori Fülöpöt?) is melléje vett, megharagudott; irigységből folyton czivakodtak, a király betegségét elhanyagolták s a király áldozatul esett versengésüknek.[2]

Az a kicsinylés, a melylyel Bonfini régi történetíróinkról és orvosainkról szól, mutatja, hogy humanista körök a tudomány említett két ágával be nem érhették. A renaissance tudományának főtárgya az ókori irodalmi emlékek tanulmányozása ugyan, de a reális életet közelebbről érdeklő tudományszakokat is fölkarolja s a maga szellemében tovább fejleszti. E szellemtől mélységesen áthatva, Mátyás «szerette a csillagvizsgálókat, orvosokat, számtudósokat és törvénytudókat, még a varázslókat és jósokat is kedvelte és egyáltalában semmiféle tudományt sem vetett meg». Mivel pedig ezen különös tudományszakokat a magyarok alig művelték, külföldről fogadott tudósokat udvarába.[3]

Tudósai szellemi táplálékáról a nagy király világhirű *könyvtára* megalapításával gondoskodik. Szent István, szerzőnk szerint, még csak a Szentírást olvasta,[4] szent Imre a zsoltárok könyvét;[5] többi királyunkról nem jegyzi föl, hogy egyáltalában olvastak volna valamit. A középkoron át, a mi könyv volt hazánkban, nagyrészt gyakorlati czélra szolgáló egyházi szertartáskönyv volt. Mátyás könyvtára már nem ilyen gyakorlati czélú, hanem felsőbb tudományos értékű műveket tartalmaz. A görög és latin írók lehető teljes gyűjteményét foglalja magában a könyvtár; a könyvek diszítése a legpazarabb fénynyel készült.[6] Megfoghatatlan

ideiglenesen kezelték Mátyást Joannes de Leonibus casertai püspök, Tichtel János bécsi egyetemi tanár és egy bizonyos Antal nevű orvos. V. ö. *Csánki,* Mátyás udvara. 59—62. ll.

[1] Maga Mátyás nagyon dicséri Sforza Lajos milanói herczeghez írt levelében. (1489 decz. 18.) *Dipl. Eml. Mátyás kor.* IV. p. 115.

[2] 669. IV. 8.

[3] «Viros arte praestantissimos undique disquisivit conduxitque. Astronomos, Medicos, Mathematicos, Jurisque consultos dilexit : ne Magos quidem et Nigromantes abominatus est. Nullam artem contempsit unquam.» 653—54.IV.7.

[4] «Divinis codicibus incumbebat.» 200. II. 1.

[5] «Davidicos rhythmos lectitabat.» 205. II. 1.

[6] «Bibliothecam statuit, mira utriusque linguae foecumditate completam: cultus quoque librorum luxuriosissimus.» 654. IV. 7.

azonban, hogy szerzőnk ily végtelenül keveset és annyira általános szavakkal beszél Mátyás könyvtáráról, pedig oly közelről volt alkalma megismerni. Úgyszintén nem emlékezik humanista püspökeink magánkönyvtárairól sem, csupán *Vitéz János könyvtárát* említi ép oly általános szavakkal, mint a Corvinát, hogy telve volt latin és görög nyelven írt művekkel.[1]

Kik voltak az idegen tudósok, a kik Mátyás udvarában fejtették ki szorgalmukat és tehetségüket, szerzőnk nem említi meg. Csak a *magyar humanisták* fölsorolásában válik részletezővé, a nélkül, hogy teljes sorozatot adna. A fölsorolt humanisták valamennyien magas egyházi méltóságot töltenek be, világi urat nem találunk sorukban. Az Ernuszt Zsigmond pécsi püspök, Váradi Péter kalocsai érsek, Fodor István szerémi püspök, Báthori Miklós váczi püspök tudományát illető adatokat a külföldi iskolázásról szóltunkban már említettük. Ezeken kívül mint tudóst és jó költőt említi szerzőnk Ferencz győri püspököt, Bakócz Tamás öcscsét, ki a királyi kanczelláriában is igen hasznos munkás volt.[2] Frangepán Ferencz erdélyi püspököt szintén kiváló tudománya tette híressé.[3] Előde, Geréb László, nagy tudós és kiváló szónok volt.[4] Vitéz János kiváló tudományáról s az ókori tudományok iránt való érdeklődéséről classicus művekkel telt dús könyvtára tanuskodott.[5]

Humanistáink közül azonban leginkább Pécsnek ifjan, tragikus halállal kimult püspöke, Csezmiczei János, *Janus Pannonius* ragadja meg szerzőnk figyelmét. Rendkívüli érdeklődéssel kiséri mindenütt sikereinek szinterén, a szegedi gyűlésen,[6] majd a római követségben[7] s nagy kedvvel rajzolja velenczei, firenzei és római sikereit.[8] Majd Podiebrad ellen száll harczra az ifjú püspök Mátyás táborában.[9] Rövid idő mulva azután fordul élete kocz-

---

[1] «Bibliothecam quoque utriusque linguae faecundissimam dicavit.» 593. IV. 3.

[2] «Qui prosa et pedestri oratione pollens, doctis favebat ingeniis, et patrui fere collega, quum sit regis amanuensis, scribendi elegantia commune munus exornat.» 26. I. 1. és «vir utriusque linguae nimie eruditus.» 743. V. 4.

[3] «... cum generis splendore, tum litterarum virtutumque omnium nomine commendatus.» 747. V. 5.

[4] «Non mediocri doctrina, parique eloquentia»... 8. I. 1.

[5] 593. IV. 7.   [6] 564. IV. 1.   [7] 565. IV. 1.   [8] 573. IV. 1.   [9] 578—79. IV. 2.

kája: föllázad Mátyás ellen, nagybátyját is ő veszi rá a lázadásra[1]
és egyáltalában ő a fölkelés lelke és fővezére.[2] De a hatalmas
király győz, Janusnak menekülnie kell boszúja elől és bujdosás-
ban, elhagyatva és megtörve fejezi be rendkívül fényesnek igér-
kező pályafutását.[3] A mennyire sikereinek örült szerzőnk, annyira
fájlalja megrendítő bnkását. «Örök vágyódást hagyott maga után
Magyarországon ép úgy, mint Itáliában. Tizenhét esztendeig a vero-
nai Guarinonak volt tanítványa és kora gyermeksége óta mind a
latin, mind a görög nyelvet tökéletesen elsajátította. Tanítója gyak-
ran szokta volt mondani, hogy egyetlen tanítványa sem volt még,
sem olasz, sem külföldi, a kit ügyesség, tanulékonyság és teremtő
tehetség dolgában Janus Pannoniussal össze lehetett volna mérni.
Mikor latinul beszélt, azt hitte volna az ember, hogy Rómában,
mikor görögül, hogy Athén kellő közepén született. Tetteiben és
beszédében nem volt semmi barbárság. Versírásra született, de
prózája szintén kellemes volt. Ha a közügyek zavaros árjával
nem úszott volna, mindenesetre versenyre kelhetett volna az
ókori szónokokkal és költőkkel. Mennyire szerette őt püspöki
udvarának papsága, a következőkből nyilván látható. Minthogy
lázadónak tekintették, a király haragjától félve, senki sem merte
nyilvános pompával eltemettetni. Papjai azonban holttestét titkon a
pécsi kápolnába vitték és hosszú időn át egy szurokkal bevont szek-
rényben tartogatták. Mikor jóval később a király egy alkalom-
mal a várost és székesegyházat meglátogatta, a káptalan tagjai
kérték, engedje meg, hogy János költő holttestét, melyet a király
haragjától való félelmükben régtől fogva eltemetetlenül tartogat-
nak, méltó pompával eltemethessék. A király sajnálta a nagy
férfiú gyászos sorsát, megfeddette a káptalan tagjait oktalan félel-
mükért és azonnal igen díszes temetést rendezett, hogy a jeles
költő méltó sírban nyugodjon».[4]

* * *

Művészetünk történetét szerzőnk szintén a renaissance korá-
tól keltezi, a mi azelőtt történt e téren, alig méltatja figyelmére.

---

[1] 592. IV. 3.   [2] 588. IV. 3.   [3] 593. IV. 3.
[4] 593. IV. 3. Bonfini Mátyás halála után írta e részeket, tehát szabadon
írhatott. *Galeotto* (De dictis, c. 27. Schwandtner, I. p. 556.) Mátyás udvarában

Szent István nagyszerű templomai építésére és diszítésére byzanczi művészeket hivatott,[1] hanem azután — szerzőnk előadásában — századokon át teljesen elhallgat minden művészeti mozgalom és az Anjou és Zsigmond kisérletei után csak *Beatrix* királyné kelti új életre. Az ő érdeme — folytatja szerzőnk — hogy Mátyás a művészeteket megszerette és minthogy magyar művészeket nem talált, idegeneket hívott udvarába. A valóság az, hogy Mátyásnak a renaissance művészetéhez mindjárt eleinte nagy volt a vonzódása. Beatrix jövetele mégis nagy forduló pont művészetünk történetében. Nem Mátyás változott, hajlama a renaissance művészetéhez megvolt mindenha annak előtte is, de körülményei nem engedték, hogy méltóan kifejtse. Első neje, Katalin, beteges volt, tehát alkalmatlan egy méltó háztartás vezetésére; majd az özvegység hosszú évei következtek, országos nagy gondok, örökös háborúk és régi módi férfias mulatságok között. Valójában csak Beatrix megérkezése óta volt Mátyásnak *kiért* kifejtenie a renaissance valódi pompáját. De a művészetek pompája nem Beatrixszal jött; az érte menő követség fénye mutatja, hogy mire a királyné érkezik, Mátyás igen sok dologban készen fogadja.[2] Tényleg csak most kezdődik igazában a fényes királyi háztartás és a nagy király úgy akarta, hogy a királyi udvar külső fénye is teljesen méltó legyen gazdagságához, királyi méltóságához, világraszóló terveihez.

«Magyarországon azelőtt ismeretlen művészeteket honosított tehát meg és kiváló művészeket hívott udvarába Itáliából. Festőket, szobrászokat, vésőket, ácsmestereket, ötvösöket, kőfaragókat és műépítőket fogadott Itáliából rendkívüli jó fizetéssel. Az istenitisztelet emelésére a királyi palota kápolnáját Német- és Francziaországból hívott énekesek szolgálták. Sőt olasz műkertészeket, gyümölcstermelőket és képzett földművelőket is hívott udvarába,

---

írva, ép csak a nevét említi a magyar humanismus két legkiválóbb képviselőjének, *Thuróczi* pedig (IV. c. 67. Schwandtner, I. 289.) és utána *Ranzano* (Ind. 35. Font. Dom. IV. 265.) nemcsak tudományos érdemeiket nem említik meg, hanem még erősen el is itélik őket lázadásukért.

[1] 210. II. 1. L. az «Iparművészet» tárgyalásánál 72. lap.
[2] A követségről 606—607. IV. 4. Mátyás műkincsei már a lakodalom alkalmával bámulatot keltenek. L. a *pfalzi* követ jelentését. (Schwandtner, I. pp. 512. sequu.)

110 HARMADIK FEJEZET.

a kik olasz, szicziliai és franczia módra készítettek sajtot. Ezekhez
járultak a szinészek és bohóczok, a kiket különösen a királyné
kedvelt, továbbá a fuvolások, cziterások és egyéb zenészek.»[1]
A keretet mindezen művészek alkotásai számára az a rend-
szeres, tervszerű *építkezés* adja meg, a melyet Mátyás hosszú
időn át folytatott. Mátyás kora előtt műépítésünknek majdnem kizárólag csak
az *egyházi* építkezés a tárgya. Szerzőnk nagy számmal említi
meg az *Árpádok* korában épült templomokat és kápolnákat,
müvészi stilusukról és értékükről azonban nem emlékezik meg.
Az Anjouk folytatják az Árpádok hagyományát. *Károly
Róbert* Lippán templomot épített Szent Lajos tiszteletére;[2] a gya-
kori tűzvésztől megrongált fehérvári bazilikát pillérekkel meg-
erősítette, lapos famennyezetét kőboltozattal cserélte ki s a tűz
ellen ólomtetőt rakatott rája (1318).[3] Azonban ez sem használt,
kilencz évvel utóbb, 1327-ben újra leégett, csak a sekrestye fölött
emelkedő torony maradt sértetlenül. Károly Róbert az épületet
ismét helyreállíttatta és újra ólómtetővel födette be.[4]
Nagy Lajos két kápolnát építtetett szűz Mária tiszteletére:
Nagy-Czellben és Aachenben.[5] A czelli alapítványnyal még nem
tudott tisztába jönni a műtörténelem, az aachenit illetőleg Bon-
fini adatát annyiban kell helyreigazítanunk, hogy a kápolna nem
a boldogságos Szűz, hanem Szent László király tiszteletére épült
Aachenben, a hol a bucsújáró magyarok évenkint nagy számmal
szoktak megfordulni és külön szállóval bírtak.[6]
Zsigmond alatt már hatalmasabb arányokban kezdődik meg
a *világi* építkezés, egyelőre különösen a királyi székhelyen, Budán.
«Ennek a fejedelemnek nagyságát — írja Bonfini — nagyszerű

[1] 653. IV. 7.
[2] 345. II. 9.
[3] «Basilicam Albensem frequenti incendio iam collabantem, et columnis
fulcire, et tegulis munire plumbeis occeperat, testudinem quoque conspicuam
adiecit.» 345. II. 9. *Forster* Gyula: Székesfehérvár koronázó temploma (III. Béla
király emlékezete. Budapest, 1900. 7. l.) Bonfini adatainak helyességét igazolja.
[4] 345. II. 9.
[5] «Duas idem aediculas regio sumtu constructas magnae Matri erexit,
ac ingenti donativo excoluit: in Aquisgrano alteram, alteram in Cellis.»
377. II. 10.
[6] *Pór* Antal: Nagy Lajos. 590. és köv. ll.

épületei is mutatják, még pedig első sorban azok, a melyeket Budán emelt. A vár előtt [1] *kápolnát* rakatott szent Zsigmond tiszteletére, a kit kiváló módon tisztelt és igen gazdagon javadalmazott káptalant adott melléje. A várban *palotát* emelt, a mely sokban emlékeztetett a régi Róma fényére. A várat fallal vétette körül; igen kellemes sétálóhelyekkel díszítette, csarnokszerű ablakos folyosókkal. A vár közepe táján *tornyot* emeltetett, faragott koczkakövekből [2] — mint a többi épületet is valamennyit — a torony két oldalról nyílt udvarra nézett. Halála azonban meggátolta benne, hogy terveit befejezhette volna.

A Duna másik partján, a szemben fekvő Pest városában, nagy kőhalmazt rakatott, olyan magasra, mint a szemben levő várhegy, hogy így a Duna fölött a két várost *állandó híddal* kösse össze. Hanem az irigy halál félbeszakította a merész mű tervét, pedig ha végre hajthatta volna, kétségen kívül még Traján hídját is fölülmulta volna, a melyet ez hajdan Felső-Mysiában rakatott.[3] Soha sem nézhet az ember Zsigmond alkotásaira a nélkül, hogy belőlük lelki nagyságára ne következtessen».[4]

Királya példáját követi hű vitéze, *Hunyadi János.* Gyulafehérvárott templomot emelt az Isten dicsőségére;[5] de a maga kényelmére is gondolt és «Hunyad mezején egy magas hegyen várat építtetett, melyet lassú folyású vizek nyaldosnak körül s természeti fekvésénél és mesterséges erődítés folytán olyan erős, hogy semmiféle ellenséges támadástól sem kell félteni».[6] A leírás általános hangján azonnal megérezhető, hogy szerzőnk sohasem

---

[1] A mai Szent-György-téren, körülbelül a mai honvédelmi minisztérium palotája helyén. *Csánki*, Magyarorsz. tört. földrajza a Hunyadiak korában. Budapest, 1890. I. 6. l.

[2] Hihetőleg ez a csonka-torony, a melyet a vár többi leírói is említenek. V. ö. *Divald* Kornél: A régi Buda és Pest művészete Zsigmond és Mátyás király s a Jagellók korában. (Magyar Mérnök- és Építész-Egylet Közlönye. XXXV. köt. 1901. 369. l.)

[3] V. ö. *Bertrandon* de la Brocquière (*Szamota*, Régi utazások. 93—94. l.) leírását, a ki a hídat épülőfélben látta s megjegyzi, hogy a pesti parton emelt torony az Écluse várkastély mellett lévő burgundi tornyot akarja utánozni és hogy a híd *lánczon* fog függeni.

[4] 433. III. 3.   [5] 517. III. 8.   [6] 449. III. 4.

látta Hunyadvárát, a mely remeke volt a csúcsíves műépítésnek.

Ebben a stilszerű várpalotában fejlődik *Mátyás* kiváló érzéke a műépítés iránt. Foglalkozik az építés *elméletével* is és az ügyes hizelgő, Galeotto Marzio siet följegyezni, hogy «mindenkinél jobban tudott gyönyörködni a szép épületekben és az építéshez oly kiváló tehetsége volt, hogy az épületek díszítése és kényelmes berendezése dolgában a legkitünőbb építőművészekkel is győzelmes versenyt állhatott volna».[1] A vulgáris olasz nyelvből latinra fordíttatta tehát Bonfinival Filaretenek, más néven *Antonio Averulinonak* a műépítést elméletileg tárgyaló művét,[2] melyről a hires műtörténetíró, Vasari, nagyon kicsinylőleg nyilatkozott ugyan, az újabb műtörténelmi kritika azonban kedvezőbb birálatot mond.[3]

Averulino, mint a görög és római műépítésért lelkesülő renaissance híve, a legnagyobb megvetéssel szól a barbárnak tartott csúcsíves stilusról. Mátyásnak azonban, bármennyire igazat adott is Averulino fejtegetéseinek, nem volt módjában, hogy építkezéseit tiszta renaissance-stilusban hajtsa végre. Mikor trónra lépett, a várhegynek a királyi palota telkét alkotó részét már mindenütt épületek borították. Nem tehetett tehát egyebet, mint hogy a félbenmaradt részeket befejeztette, a régieket az új stilusban átalakíttatta.[4]

Megmaradt tehát általános stilus gyanánt a *csúcsíves* építkezés és mindaz, a mit Mátyás a régi műemlékek kiegészítéseül, befejezéseül építtetett: a budai főtemplom Mátyás-tornya, a székesfehérvári sírkápolna, Vajda-Hunyad várának egy jelentékeny része, természetesen alkalmazkodott a régi stilushoz és csúcsíves

---

[1] De dictis, etc. c. 4. (Schwandtner, I. p. 537.)

[2] «Addebat aninum architectura, quam tribus sane mensibus Antonius Bonfinis in Latinam e materna lingua traduxit.» 656. IV. 7. — A följegyzés rendkívül fonák: Bonfini megmondja, mennyi idő alatt készült el a fordítással, de elfelejti följegyezni, hogy ki volt az «Architectura» szerzője?

[3] *Pasteiner* Gyula, Az építészet I. Mátyás alatt (Budapesti Szemle, 1893. 8. 1.). — Bonfini fordítását tartalmazó Corvin-codex jelenleg Velenczében, a szent Márk könyvtárában található. Bő leírása olvasható *Csontosinál:* A budapesti orsz. könyvkiállítás latin kéziratai. Budapest, 1882. 50—51. ll.

[4] *Csánki,* Tört. földrajz I. 6. l.

ízlésben épült. Mint azon városok, a melyekben Mátyás megfordult és a melyek élettörténetében szerepet játszanak: Prága, Brünn, Olmütz, Boroszló, Buduszin, Bécs és Német-Újhely, úgy Buda is csúcsíves jellegű maradt. Az idehívott művészek tehát nem fejthették ki az épületek alapjellegében a tiszta renaissancestilust, meg kellett alkudniok a meglevővel, az adott viszonyokkal és ennélfogva föladatuk java részben csak a részletekre, nagyobbára a belső díszítésre szorítkozott.[1]

Az az érdekes helyzet áll tehát előttünk, hogy a *külső építkezésben csúcsíves* stilű épületeknek a *belső díszítése renaissance-*stilusban történt. Bonfini érdekes adatot közöl arra vonatkozólag, miként igyekezett Mátyás Zsigmond csúcsíves stilű Friss-palotáját renaissance-izlésben díszíteni külsőleg is; triglifeket, tehát tisztára renaissance-izlésű díszítést rakatott a Friss-palota homlokzatának eresze alá.[2]

Lássuk már most, miként írja le Bonfini Mátyás építkezéseit. Leírása, mely e nemben a legelső kisérlet, meglehetősen zavaros és szakszerű fejtegetés helyett, a mit Averulino szakmunkájának fordítójától méltán elvárhatnánk, inkább csak általánosan magasztaló följegyzéseket nyujt. De őszinte elragadtatását nem vádolhatjuk Mátyás iránt való hizelgéssel, mert e részeket már a nagy király halála után írta meg és meg van az az érdeme, hogy Mátyás építészeti alkotásairól mégis ő ír legkimerítőbb részletezéssel.

«Megkezdette a budai vár díszítését, a hol Zsigmond nagyszerű épületein kívül semmi figyelemre méltó sem volt. A vár belső palotáját szerfölött díszessé tette. A Dunára néző oldalon egy *kápolnát* építtetett,[3] orgonával és kettős márványból és ezüstből készített keresztelő kúttal díszítette, a lelkészek számára pedig igen szép lakást építtetett melléje. A kápolna mellett rendezte be *könyvtárát*, a mely bámulatosan gazdag a görög és latin nyelvű

---

[1] *Pasteiner,* Építészet I. Mátyás korában. I. h. 19. l.

[2] «In fronte subgrundiis tectorum trighliphos subiicere decreverat.» 655. IV. 7. *Divald* Kornél (i. m. 370. l.) kételkedik, hogy ezek valóban triglifek lettek volna, de *Pasteinernek* a szövegben közlött értelmezése (i. m. 6. l.) véleményünk szerint teljesen megállja a helyét.

[3] A Nagy Lajos alatt épült várkápolnát Alamizsnás Szent János kápolnájával bővítette. *Divald.* i. m. 371. l.

Antonio Bonfini. 8

művekben; a könyvek kiállítása a legpazarabb. A könyvtár előtt volt egy délnek néző boltozatos terem, a melynek boltozatán az egész égbolt képe látható volt.

Olyan *palotákat* emelt, a melyek pompa dolgában alig maradnak el a rómaiak fényűzésétől. Tágas ebédlők, remekül díszített hálótermek vannak bennük, változatosan díszített és aranyozott mennyezetekkel, melyeket a díszítések nagy változata különböztet meg egymástól, továbbá rakott művű ajtószárakkal és díszes kandallókkal, melyeknek tetejére négyesfogatú kocsik és egyéb antik stilusú díszítések vannak alkalmazva. Alul van a kincstár s a különféle raktárak és a fegyvertár.

A *keleti* épületszárnyban is különféle étkező és hálótermek találhatók, a melyekbe csak magas lépcsőkön, sőt fedett folyosókon lehet följutni. Itt van a tanács- és gyűlésterem is. A mint azután tovább halad az ember, magas boltívű termeket talál: nagyszámú téli és nyári használatra berendezett termeket, a napsütésnek kitett szobákat és dúsan aranyozott társalgókat, helylyelközzel mély, rejtett fülkéket. Ezüstágyak, ezüstszékek alkotják a butorzatot.

A *nyugoti* épületszárny egy régi, még át nem épített épület.[1] Közepén egy régi csarnoktól körülvett udvar van, a melyet kétemeletes, oszlopos folyosó vesz körül. A felső emeleten, azon a részen, a mely az új palota[2] előtt húzódik el, a merre a felső ebédlőkbe szoktak fölmenni, az égboltozat tizenkét csillagképét ábrázoló remekművű faragvány látható.

Mindenütt rakott és mozaikszerű padolat terül el, némely helyen földviaszszal égetett kőből rakva. Az épület több részében helyenként hideg és meleg fürdőszobák találhatók. Az ebédlőkben a kályhák középütt kidudorodó szemekből vannak rakva s nem csupán szép szinezéssel, hanem a rajtuk levő különféle képzelt állat-alakokkal is pompáznak.

Az egyik udvaron három álló helyzetben levő *fegyveres szobor* tünik a szemlélő szemébe. Középen Mátyás áll, sisakosan, lándzsájára és pajzsára támaszkodva, gondolatokba merülve; jobbról atyja, balról bátyja, László, igen szomorúan.

---

[1] Zsigmond alkotása : a Friss-palota.
[2] Mátyás alkotása : a keleti épületszárny.

A másik udvar közepén *érczkút* áll, márványmedenczével körülvéve; a tetején a sisakos és felövezett Pallas Athené szobra emelkedik.

A másiknál jóval tágasabb belső udvar bejáratánál, jobbról-balról egy-egy mezítelen *érczszobor* áll, pajzszsal, bárddal és karddal fenyegetőzve; alapzatukra győzelmi jelvények vannak kifaragva. A négyszögű téren, a mely Zsigmond palotájának udvara volt, megkezdette az oldalt fekvő *régi palota újjáalakítását.* Ha ezt a tervét végrehajthatta volna, sokban a büszke ókorra emlékeztetett volna. Kettős *lépcsőzet* vezetett hozzá, vörösmárványból, érczkandeláberekkel díszítve. Ugyanezen kőanyagból készültek a kétszárnyú *kapu* szárai; maguk a szárnyak érczből készültek, kívülbelül egyaránt bámulatos művészettel és Herkules tizenkét munkáját ábrázolták. A kapu fölé Antonio Bonfini következő föliratát vésette:

«Atria cum statuis, ductis ex aere foresque
Corvini referunt principis ingenium.
Matthiam partos tot post ex hoste trimuphos
Virtus, aes, marmor, scripta perire vetant».[1]

Mesés költségen készíttette a *mennyezeteket*, a melyek az égboltozaton keringő bolygókat ábrázolták és bolygó pályafutásukat csodás pontossággal mutatták. A homlokzatok eresze alá *triglifeket* rakatott díszítésül, hogy művét a lehető legnagyobb művészettel állítsa ki.

A királyi palota *kútjába* mintegy hét mérföldnyiről szurkos csöveken és ólomcsapokon keresztül vezettette a vizet.

Zsigmond folyosóját, mely majdnem az egész vár körül futott, ha nem is oly nagy költséggel, tovább folytatta. Zsigmond örök időkre szóló alkotást akart teremteni, Mátyás csak ideig-

---

[1] «Szép fejedelmi lakodban az érczszobrodnak a fénye
Tükrözi, nagy Corvin, messzire lángeszedet.
És ki olyan sokszor nyertél a csatán diadalmat,
Ércz, márvány és könyv nem hagy enyészni soha».
Hegedüs István fordítása. (Mátyás király Emlékkönyv, Budapest, 1901. 195. l.)

lenes szórakozás czéljára építtette ezt a folyosót. Hosszú és széles részt épített tehát hozzá és sok üvegablakot; továbbá a várfalak legfelső párkányzatára egy kis verandát rakatott fából, ebédlővel, hálóteremmel és fürdőszobával, a hátulsó részében pedig nappali dolgozóterem és írószoba volt. Szinte úgy látszott, hogy ez az egész a Dunába szakad.

A vár alatt a legközelebbi völgyben igen kellemes *kertek* terülnek el, bennük pedig egy márványból épült *villa*.[1] Előcsarnokát csatornásan vésett oszlopok veszik körül, melyek érczkandelábereket tartanak. Kapuja valóságos diadalkapu; az ebédlő és hálóterem pedig, a mennyezettel és ablakokkal együtt oly remekművű, hogy a dicső ókort igen megközelíti.[2] A kertre néző oldalon egy fedett folyosó van előtte. A kertekben egy sűrűn összeültetett fákból alkotott labyrinthus található. Van madárgyüjtemény is, az idegen és magyarországi madarakból, melyek dróthálózatból készült házba vannak zárva. Ugyanezen kertben cserjék, gyümölcsfák, berkek, továbbá lugasok találhatók s mindenfelé számtalan fajtájú fa van ültetve. Ezenfelül van benne folyosó, csarnok, továbbá gyepes terek, kavicsos útak és halastavak. Az emelet és padlás fölött tornyok emelkednek, a melyekben az ebédlők tükör gyanánt szolgáló üvegfalaikkal oly kellemesek, hogy szebbet már képzelni sem lehet. A villát tető gyanánt ezüst lapok fedik».[3]

«De ki írhatná le méltóképen, hogy mi volt a terve a Boldogságos Szűz *fehérvári bazilikájával,* a hol a szent királyok sírjai vannak. Mert nem csupán az egészet restauráltatta,[4] hanem sokkal díszesebbé is akarta tenni s meg is tette volna a dicső fejedelem, ha korai halála ki nem ragadta volna a világból. Mindenekelőtt egy hatalmas, az előbbinél jóval nagyobb oltárt kez-

---

[1] Nyilván az, a melyet a XVI. századbeli nyugatról fölvett budai látóképek a nagy rondella alatt a várhegy délnyugati sarkának aljában *villa marmorea* fölirattal és csonkaoszlopokkal, vagy csak az utóbbiakkal jeleznek. *Divald,* i. h. 370. l.

[2] E szavakból itélve, a villa tiszta *renaissance* stilben épült.

[3] 654—655. IV. 7.

[4] A főhajót újra boltoztatta és a külső helyett a belső támasztó-rendszert fejtette ki. V. ö. *Forster,* Székesfehérvár koronázó temploma. (III. Béla király emlékezete, 8. l.)

dett rakatni, hogy magának és atyjának síremlékül szolgáljon.
Kegyes anyjának, a nem sokkal azelőtt elhúnyt Erzsébetnek holt-
testét is oda vitette át, hogy szüleinek, testvérének és magának
közös sírkápolnát alapítson. A mű csúcsíves stilben épült, fara-
gott koczkakövekből. Már a boltozatáig elkészült és annyi bolt-
hajtás futott össze csúcsban, hogy minden képzeletet fölülmult.
Minthogy mocsaras helyen épült, alapzatát igen mélyre ásták.
Olyan rendkívüli művet tervezett tehát, hogy csupán ezzel az
egygyel is fölülmulta a régebbi királyok alkotásait.» [1]

Épen ily kegyelettel volt szent László alkotása, a *váradi
székesegyház* iránt is, melyet uralkodása első éveiben (1464)
«igen megnagyobbíttatott és dúsan megadományozott».[2]

«*Visegrádon* a régi királyoknak magaslaton épült várát és a
hozzá tartozó királyi palotát úgy megnagyobbíttatta, — kertekkel,
vadaskertekkel és halastavakkal oly diszessé tette, hogy ezen
épületek fénye még a többit is fölülmulta. Attalusi fölszerelést
és berendezést, tágas ebédlőket, díszes fedett folyosókat és gyö-
nyörű ablakokat lehet itt látni. Ezenkívül a kertekben szökő-
kutak találhatók, vörösmárványból faragott és érczből vert meden-
czékkel.»[3]

«Tovább haladva *Tatára* jut az ember, a melyet, vélemé-
nyem szerint, minden gondolkozás nélkül a legelső várnak kell
tartanunk. Itt ugyanis egy hatalmas, elpusztíthatatlan töltés a
völgyek vizeit fölfogja, megállítja és egy hétezer lépésnyi területű
tóvá alkotja. A víz kifolyásánál gabonaőrlő malmok vannak,
sorjában kilencz; ezek a várhoz tartoznak és nincs erő, a mely
el tudná ragadni őket. A várat bástyaként kettős fal, sáncz és
árok védi. Az épületek között keskeny a tér; köröskörül a dúsan
aranyozott ebédlők, nagyszerű hálótermek sora húzódik; geren-
dázatos mennyezetüket gazdag aranyozás és faragványok teszik

---

[1] 655. IV. 7. és rövidebben, más szavakkal: 24. I. 1. és 208. II. 1. A sír-
kápolna *csúcsíves* volt, mint az egész templom («opus artificiosae testudinis»,
«in convexa abside iam consurgere coeperat, totque circum fornicibus obstruc-
tum est...» V. ö. *Pasteiner*, i. h. 6. l.)
[2] 562. IV. 1.
[3] 655. IV. 7. és 26. I. 1. V. ö. *Galeotto*, De dictis etc. c. 4. (Schwandt-
ner, I. p. 537.) és *Oláh*, Hungaria c. 6. (*Bél*, Adparatus, p. 11—13.) *Csánki*,
Mátyás udv. 181—184. ll.

díszessé. A tóból kifolyó vizet gyakran fölfogják s ilyenkor számtalan halastavat alkot. Sok a csuka és ponty. Mindkét oldalról egy-egy elég szép falu és templom fekszik. Igen terjedelmes erdők veszik körül, a melyekben a vadak nagy számmal tenyésznek.»[1] «Innen nem messze *(Szőnyben),* a Duna partján, római légióknak nagy számú maradványai láthatók. Ezt a helyet kellemes fekvésénél és földje termékenységénél fogva az olaszok falvának nevezik.»

«Kissé odább, a sziget szögletében a nagy területen épült *Komárom* vára látható. Tágas udvarain nagyméretű paloták emelkednek, mindenütt roppant költséggel készült gerendázatos mennyezetekkel. Itt állomásozik a dunai kirándulásokra épített Bucentaurus nevű hajó,[2] berendezése palotaszerű : elejétől végig ebédlő-, alvó- és társalkodótermek sora huzódik rajta végig, külön a férfiak és külön a nők számára.»

«*Bécsben,* miután elfoglalta, a várban függő kerteket, díszes kandallókat és márványkutakat készíttetett, a melyekbe csöveken keresztül vezettette a vizet. A függő kertben hideg és meleg fűrdőszobákat építtetett. A vár alatt elterülő kerteket is díszesebbekké tétette ; vashálózatból madárházakat készíttetett ; árnyas ligetet, mesterséges romokat rakatott; köröskörül sétahelyül szolgáló csarnokot építtetett, melyet szőllőtőkékkel futtatott be. A kőfalakra köröskörül folyosókat rakatott, melyek igen kellemes sétálóhelyül szolgáltak.»

«Terve volt, hogy a *Duna fölött állandó hidat* építtett, Traianus császár példáján buzdulva, a ki Szendrő közelében a Dunán kőhidat rakatott, a melynek néhány pillére mai napig fönmaradt. Ha tovább élt volna, tervét talán sikerült volna megvalósítania.»[3]

Beatrix királyné *Ó-Budán* kezdett építkezni. Mátyás anyjának halála után az övé lett Ó-Buda városa, a mely rendesen a

---

[1] 655. IV. 7. és 197. II. 1. V. ö. *Oláh,* Hungaria c. 8. *(Bél,* Adparatus, I. p. 15.) *Csánki,* Mátyás udvara, 184—185. ll.

[2] Az udvar dunai kirándulásaira készült hajót a velenczei díszes állami díszhajó nevéről nevezték Bucentaurusnak. *Csánki,* Mátyás udvara, 185. l.

[3] 655—656. IV. 7. V. ö. *Csánki,* Mátyás udvara, 184—188. ll. Csánki szerint Bécsnél akarta Mátyás a Dunát áthidalni, véleményünk szerint azonban Buda és Pest között a Zsigmond által tervezett hidat akarta megvalósítani.

királynék tulajdona szokott lenni. Építkezéséről azonban szerzőnk mellékesen emlékszik meg és egyebütt sem látjuk semmi nyomát.[1]

Mátyás a monumentális építkezés iránt való vagy szeretetében «a magyar urakat is buzdította, hogy tehetségük szerint nagyszerű palotákat emeltessenek».[2] Főpapjaink, főuraink és városaink nagyszabású és stilszerű építkezése a XV. század végén és a XVI. század elején, el egész a mohácsi vészig, mutatja, hogy Mátyás buzdítása és példája szép sikerre vezetett.[3] Ahhoz képest azonban, a mi e téren történt, végtelenül kevés az, a mit szerzőnk följegyzett; mindössze néhány főpap műalkotásairól nyujt futólagos, vázlatos említést.

Az első lépést e téren is, mint majd mindenben, a mi a renaissance irányával összefügg, Vitéz János érsek teszi meg. «Esztergom várában hatalmas ebédlőt építtetett, előtte pedig egy igen díszes folyosót, kettős emelettel. Az étterem közvetlen szomszédságában a sybillák kápolnaszerű csarnokát építtette, csúcsíves stilusban;[4] falain az összes sybillák képe látható volt. Az ebédlő falán nem csupán sorban valamennyi magyar királynak, hanem a szittya vezéreknek képét is látni lehetett. Hideg és meleg fürdőszobákat is építtetett; kettős kertet szabályoztatott, melyeket nyilt oszlopcsarnokokkal és födött folyosókkal tett díszesebbé. A két kert között egy kiemelkedő sziklán tornyot rakatott, ebédlőkkel és egyéb termekkel, változatos tükörfalakkal. Egy kis kertilakot is építtetett magának. Majdnem mindig ebben tartózkodott, mert a Dunára nézett és gyönyörű kilátást nyujtott a kertek szépségeire; valóban olyan hely, a mely nagyon alkalmas a bölcselkedésre és elmélkedésre.»

«Szent Adalbert egyházát, hogy tűz ne érje, szines cseréppel födette be; és hogy a hó és eső meg ne álljon rajta, tetejét menedékesre építtette.»[5]

---

[1] 24. I. 1.

[2] 654. IV. 7.

[3] L. Fraknói összefoglaló értekezését: A főpapok, városok és világi urak műalkotásai, A magy. nemz. tört. IV. köt. 590—632. ll.

[4] «Sybillarum sacellum, e fornicato opere acuminatum.» 593. IV. 3.

[5] 593. IV. 3. Fraknói (Vitéz János élete, 245—246. ll.) Bonfini előadását részleteiben is igazolja.

Nagyvárad püspöke (1476—1490.), *Pruisz János*, mikor Mátyás az olmützi püspöki székkel is megajándékozza, «Olmützben a mindenszentek tiszteletére fogadalomból rendkívül fényes templomot emeltetett[1] és nagyszerű adományokkal látta el. Nem csupán a váradi és budai, hanem egyéb egyházaknak is csodálatos bőkezűséggel osztogatta az aranynyal és gyöngygyel dúsan megrakott egyházi ruhákat és edényeket».[2]

Harmadikul *Nagylucsei (Dóczi) Orbán* győri, majd egri püspök műpártolásáról jegyez föl szerzőnk néhány igen általános megjegyzést: «Templomokat és nagyszerű házakat emeltetett; a saját püspöki székhelyeit nem csupán nagyszerű épületekkel, hanem aranynyal szőtt ruhákkal és ezüst egyházi edényekkel is bámulatos módon gazdagította».[3]

***

A nagyszerű épületek stilszerű díszítése a képzőművészetek másik két ágát is erősen foglalkoztatja.

Képírásunkról szerzőnk nagyon kevés adatot közöl. Elmondja, hogy Mátyás egyéb művészek között festőket is hívott Itáliából, de nem jegyzi föl, mit alkottak.[4] Nem tudjuk megérteni szövegéből, hogy a «pictores» alatt csupán a falak- és a mennyezeteket szinező díszítőket, vagy a könyvfestőket,[5] vagy pedig egyszersmind figurális képek alkotóit kell-e értenünk. Hogy ez utóbbiakat is, abból a megjegyzéséből következtethetjük, hogy a budai palotában a könyvtárterem mellett levő teremben az ég-

---

[1] Bonfini classicus stilusán: «Aedem Olumucii mira celebritate exaedificatam, et *Pantheon* appellatam, *cunctis numinibus* ex voto dicavit». 701. IV. 10.

[2] 701. IV. 10. *Bunyitay* Vincze, A váradi püspökség története, I. 314. 1. cseh források után is kétségtelenné teszi a templom építését, bővebb tárgyalását azonban nem nyujtja. A *budai egyház* alatt a buda-felhévizi prépostság templomát kell érteni. *Fraknói*, A m. nemzet tört., IV. 590. 1.

[3] 6. I. 1. *Győrött* a székesegyházat csúcsíves stilben átalakíttatta, a püspöki palotában díszes kápolnát emelt, *Egerben* a régi székesegyház szentélyének újraépítéséhez fogott hozzá, a mit utóda, Bakócz Tamás fejezett be. *Fraknói*, i. h. 590—592. ll.

[4] «Quare pictores, statuarii... etc. ex Italia conducti.» 653. IV. 7.

[5] «Cultus quoque librorum lixuriosissimus.» 654. IV. 7.

boltozaton keringő bolygók pályája látható,[1] úgyszintén a Mátyás
által épített épületszárny termeinek mennyezetén is.[2] De tudjuk,
hogy Mátyás a festőművészetnek nem csupán pártfogója, hanem
szakértő méltatója is volt. *Leonardo da Vinci* a képírásról szóló
értekezésében Mátyás egyik elmefuttatását közli, a melyben azt
bizonyítja, hogy a festőművészet magasabban áll, mint a költé-
szet.[3] Olaszországban is nagy volt a hire, mennyire kedves a
képírás a nagy király előtt; ezért Ferrarából arczképeket külde-
nek neki;[4] a milanói herczeg Leonardo da Vincivel egy Madonna-
képet festet számára;[5] *Filippino Lippi* pedig, a kora-renaissance
kiváló festője, minthogy a nagy király hivására hazánkba nem
jöhetett, két képet fest számára: a király arczképét érmek után
és az Úrvacsorát.[6]

Vitéz János esztergomi palotáját számtalan freskóval díszít-
tette. Egy kápolnaszerű csarnokban a sybillák képe, nagy ebédlő-
jében pedig a magyar királyok s a hajdani szittya vezérek képe
díszíti a falakat.[7] A freskók tárgyának ilyen megválasztása szépen
tanusítja azt a különben is ismert tényt, hogy a tudós főpap a
classicus ókor tanulmányozása és kiváló szeretete mellett a
magyar történelemmel is nagy gonddal foglalkozott.[8]

Szobrászatunk történetéhez Bonfini jóval részletesebb adalé-
kokkal szolgál.

Régi szobrászatunk alkotásai közül szerzőnk IV. Bélának
Esztergomban vörös márványból készült síremlékét említi, a
melynek föliratát még az ő korában is lehetett olvasni;[9] szent

---

[1] «Cubiculum ... ubi coelum universum suspicere licet.» 654. IV. 7.
[2] «Contignationes huic insano sumptu destinarat, quibus laquearia auri-
gantes per aethera planetas continerent, erratilesque cursus miro arte referrent.»
655. IV. 7.
[3] *Fraknói,* A m. nemzet tört., IV. 586. l.
[4] *Dipl. Eml. Mátyás kor.,* III. 137., 155. l.
[5] *Dipl. Eml. Mátyás kor.,* III. 44. és *Fraknói* föltétele *Csánkinál,* Mátyás
udv., 67. l.
[6] *Riedl* Frigyes, A magyar irodalom főirányai, 67. és 136—137. ll.
[7] «Sybillarum sacellum, ubi Sybillas omnes connumerare licet. In tricli-
nio non modo omnes ex ordine Ungariae reges, sed progenitores Scythicos
cernere licet.» 593. IV. 3. V. ö. *Fraknói,* Vitéz élete, 246. l.
[8] Vitéz történelmi tudásáról l. föntebb 10. l.
[9] 330. II. 8. = Képes Krónika, c. 82. (Font. Dom. II. 224.)

Lászlónak váradi lovas érczszobrát, a melyet több más kisebb szobor vesz körül;[1] továbbá szent Istvánnak a székesfehérvári templomban elhelyezett szobrát.[2] *Mátyás* budai palotájában a képfaragó művészetnek elég sok alkotásával találkozunk. Az egyik udvart a *három Hunyadi* fegyveres gyalogszobra díszíti;[3] a másik udvar közepén álló érczkút fölött pedig *Pallas Athéné* szobra emelkedik, sisakosan és felövezve.[4] A vár második nyilt udvarát védő sánczárok fölé boruló híd egyik végén két fegyveres érczszobor áll mezítelenül, pajzszsal, bárddal és karddal fenyegetőzve. Bonfini nem említi, hogy e szobrok kit ábrázolnak, de egyéb forrásokból megállapítható, hogy *Herkules* és *Apollo* szobrai voltak.[5]

A *díszítő szobrászatnak* ezen szobrokon kívül is tág tere nyilt az érvényesülésre. Díszes faragványok ékesítik a Herkules- és Apollo-szobor talapzatát,[6] vésett triglifek a Friss-palota[7]

---

[1] «Varadinum, eiusque basilica, ubi divi Ladislai regis corpus requiescit, spectatur etiam ex aere equestris illius statua, statuaeque nonnullae.» 27. I. 1

[2] I. Ulászló koronázásánál, minthogy a szent koronát Erzsébet királyné magával vitte, a szent István szobráról levett koronát használták: «e simulacro divi regis, quod in sacello colebatur, placato numine, perreventer diadema sumptum». 450. III. 4. *Callimachus*, De rebus Uladislai lib. I. (Schwandtner, I. p. 463.) és *Thuróczi*, IV. 31. (Schwandtner, l. p. 243.) Bonfini szövegéből azonban meg nem állapítható, valóban *szobra*, vagy csupán csak *hermája* állott-e ott szent Istvánnak.

[3] 654. IV. 7. «In subdivalibus, e conspectu pedestres tres statuae, ex alto non inermes, adeuntibus obiiciuntur. Galeatus in medio Matthias constitutus, hasta clipeoque innitens, cogitabundus, a dextra pater, et subtristis a laeva Ladislaus.»

[4] U. o. «In medio subdivaliam fons aeneus, marmoreo lacu circumventus, cui Pallas galeata, subcinctaque imminet.»

[5] «Hinc et hinc duae constitutae ex aere statuae, nudae, clypeo, securi, enseque iuxta minantes.» 654. IV. 7. Helyüket *Divald* határozta meg, i. m. 370—371. ll. — *Kukuljević* (Kroatisch-dalmatische Künstler am Hofe des ung. Königs Mathias Corvinus. Zágráb, 1860.) után *Pasteiner* Gyula is (i. m. 14. l.) mind a hét szobrot a dalmata származású, Mátyás udvarában működött Traui (Statilič) Jakab művének tartja. *Istvánffy* Miklós (Historia de reb. Hung. lib. VIII.) szerint Szulejman a szobrokat Konstantinápolyba vitette.

[6] «Ad basim circumsculpta sunt trophaea.» 654. IV. 7.

[7] «In fronte subgundiis tectorum triglyphos subiicere decreverat.» 655. IV. 7.

homlokzatának ereszét, csatornásan vésett oszlopok alkotják a vár alatt a márványvilla előcsarnokát.[1]
Kik voltak e művek mesterei, szerzőnk nem jegyezte föl számunkra, csak általánosságban jegyzi meg, hogy Mátyás egyéb művészek mellett szobrászokat is hivott be Itáliából udvarába.[2] A *zene* a nagy király udvarában szintén élénk fejlődésnek indul. A renaissance kényes izlésén növekedett királynét, de magát a királyt sem elégíthette ki az egyházi zene és ének, hagyományos formáival, sem a népzene ütő- és fuvóhangszereivel: kürtjeivel, dobjaival és sípjaival.[3] Olaszországban a lágyabb, finomabb hangszerek: a hárfa és a *vonóshangszerek* ez idő tájt már általánosan használatban vannak. Jelesen képzett zene- és énekkar tartása a fejedelmi udvarok elengedhetetlen szükségletévé vált nem csupán Olaszországban, hanem Európaszerte mindenütt. Mátyás természetesen el nem maradhatott, sőt, ha az elragadtatott tanuknak hinnünk lehet, oly kitünő ének- és zenekart tudott létesíteni, a melynél jelesebbet olasz ember odahaza sem hallhatott.[4] Az udvari kápolnában működő ének- és zenekar tagjait a nagy király Bonfini szerint Olasz- és Francziaországból toborozta,[5] de német énekeseket és zenészeket is találunk udvarában.[6] Eleinte azonban túlnyomólag magyarok alkothatták[7] s ezért ekkor még nem a vonós-, hanem a *fuvóhangszerek*[8]

[1] «Marmorea villa … huius propylaeum columnis tesselatis embricatisque circumdatum.» 655. IV. 7.

[2] 653. IV. 7.

[3] Mátyás választásakor a nép: «tubis, tympanis ac fistulis … exultare …» 533. III. 9., hazaérkezésekor: «tubarum clangor, tympanorum tinnitus … effusus est.» 535. III. 9.

[4] A castellai püspök jelentése 1483-ból. *Csánkinál*, Mátyás udv., 74—75. ll.

[5] «Aedicula regia accitis e tota Gallia Germaniaque cantoribus exculta.» 653. IV. 7. Francziát egyet ismerünk név szerint, Mecchinót, olaszt többet: Pált, Dánielt, Pétert, Györgyöt és a kitünő orgonást, Dávidot.

[6] Bisth Jánost, ki, úgy látszik, zeneszerző volt és Todesco (tehát tedesco = német) Simonellot.

[7] *Csánki*, Mátyás udv., 74. l.

[8] *A pfalzi követ* jelentése Mátyás és Beatrix lakodalmáról: «Tunc vero inflari Rex in tubis iussit», «continueque in tubas inflant tubicines, tanto numero et studio, ut nullius vox exaudiri possit». *(Schwandtner,* I. p. 520—521. ll.)

124   HARMADIK FEJEZET.

vannak használatban; de külföldiek úgy találták, hogy ez a
magyar zene is rendkívül kellemes és művészi értékű.[1]

Mátyás hires *orgonái* közül Bonfini csak a budai udvari
kápolna új orgonájáról tesz futólagos megjegyzést,[2] bár tudjuk,
hogy Mátyás sokat gondolt vele, hogy kitünő orgonásai legye-
nek és másrészt, hogy a magyar orgonaépítők külföldön tökélete-
sítsék magukat mesterségükben.[3]

* * *

A nagy király azonban a saját udvarának fényes műveltsé-
gével be nem érhette. Úgy akarta, hogy az olasz renaissance
műveltsége egész országát áthassa, hogy *«Magyarország máso-
dik Olaszország legyen».*[4]

«Korholta tehát a magyar szokásokat, nyiltan elitélte az
ősmagyar parasztságot és műveletlenséget, és emberhez nem illő
életmódot; azon fáradozott, hogy a művelődést lassan-lassan
meghonosítsa; a fő- és köznemességet művelt életmódra buzdí-
totta. Meghagyta nekik, hogy tehetségük szerint fényesen épít-
kezzenek, polgáriasultabban éljenek és hogy tisztességesebben
bánjanak az idegenekkel, a kiket azelőtt hihetetlen módon meg-
vetettek.»[5]

«A magyarok azonban, nem ismerve a művelt életmódot
s az élet élvezeteit, kicsinyeltek mindent, a mit Mátyás a tudo-
mányért, művészetért cselekedett. Kárhoztatták a roppant költe-
kezést; nap-nap után megvádolták a királyi felséget, hogy csak
játszik a pénzzel, a jobb czélra szánt adókat fölösleges haszonta-
lanságokra pazarolja, nem követi a régi királyok takarékosságát,
elhagyja a szigorú ősi erkölcsöket, eltörli a régi szokásokat és az
olasz, sőt spanyol élvezeteket és romlott erkölcsöket teszi

---

[1] Budán, az esküvő alatt: «simul artificiose et iucundissime accinentibus
musicis». *A pfalzi követ* jelentése. *(Schwandtner,* I. p. 523.)
[2] «Aediculam ... hydraulicisque organis ... decoravit.» 654. IV. 7. *Oláh*
(Hungaria, c. 6. *Bél,* Adp. p. 12.) a visegrádi ezüstsipú orgonáról emlékezik.
Mátyás orgonásairól: *Dipl. Eml.,* IV. 90., 105., 116., 396., 400. ll.
[3] *Csánki,* Mátyás udv., 75—76. ll.
[4] «Pannoniam alteram Italiam reddere conabatur.» 653. IV. 7.
[5] 654. IV. 7.

helyükbe. Az ellen is zúgolódtak, hogy a király nem tud a feleségének parancsolni; az idegenek pedig nem csupán aranyat szereznek, hanem a király engedékenysége folytán az egész országot kifosztják.»[1]

Mennyiben igazak Bonfini adatai e tekintetben, meg nem állapítható. De állása, mely őt II. Ulászló udvarában a magyar urakkal szemben a német párthoz fűzte, szinte bizonyossá teszi, hogy elfogultság vezette tollát a magyar urak elmaradottságának erős rajzában. Egykorú komoly olasz tanú, a nagy veronai mesternek, Guarinónak fia, Babtista Guarino egyik rokonához írott levelében (1467.) elragadtatással dicséri a magyarok műveltségét, a külföldi tudósok iránt való becsülést s azt a törekvést, hogy Magyarországon csakis tanult férfiak juthatnak egyházi és világi méltóságokra.[2] A XV. század végéről és a XVI. század elejéről fönmaradt műemlékek[3] pedig a kétségbevonhatatlan tények erejével igazolják, hogy a renaissance-műveltség a királyi s a főpapi udvarok körén túl is gyökeret vert; nemesség, városi polgárság egyaránt nagy buzgósággal — bár a hirtelen jött török pusztítás miatt nem tartós sikerrel — munkálkodott rajta, hogy hagyományos műveltségét a renaissance modern szellemében fölfrissítse, belső tartalomban és külső szinben egyaránt magasabb fokra emelje.

---

[1] 654. IV. 7.

[2] «Illud quoque ad gloriam provinciae non mediocrem accedit, quod omnes doctriane ac virtutum sectatores, ita diligunt, ut nemo illuc doctus eat, quin magnis muneribus ac praemiis inde onustus revertatur; ut taceam, quod pontificatus et imperia apud illos non nisi qui bonarum artium studiis operam indulserint, assequuntur; ita ut praeter locum nihil habeant, quod barbarorum nuncupationem mereatur.» *Ábel,* Adalékok, 204—205. ll.

[3] *Fraknói* V., A főpapok, városok és világi urak műalkotásai. (A m. nemz. tört., IV. 590—632. ll.)

NEGYEDIK FEJEZET.

A mindennapi élet.

A renaissance és az élvezetek. A renaissance kezdete, az Anjouk, Zsigmond, I. Ulászló. A renaissance pompája Mátyás udvarában. Ünnepélyek. Állandó fény az udvarban. Étkezés, borozás. Táncz. Szinészek és bohóczok játéka. Lovagi bajvívások. Birkózás. Ló- és kocsiversenyek. Vadászat, oroszlánvadászat Budán. Koczkajáték és sakk. A természet szépségeiben való gyönyörködés. Díszkertek. Növény- és állatgyüjtemények. Fürdők. Fényűzés a ruházkodásban. A haj gondozása, bajusz- és szakállviselet.

A főpapi és főúri, de mindenek fölött a királyi udvar fényét nem csupán a tudomány és művészet nyujtotta magasabb szellemi élvezetek alkották, hanem a könnyebb játékok, szórakozások is; továbbá a ruházkodásban, vendégeskedésben való mérhetetlen fényűzés.

A renaissance általános iránya, mely a jelen élvezetét tanította, Mátyás udvarában minden ízében megvalósult. Az egykorúak elragadtatással magasztalják ünnepélyeinek világra szóló pompáját. Bár e dicséretekben sok a hizelgés nagyítása és a szűk látókörrel járó bámulat: bizonyos, hogy Mátyás a külső föllépés pompájával valamennyi kortársát felülmulta; egyetlen királyt, magukat az olasz fejedelmeket sem véve ki.[1] Kétségtelen, hogy a magyar urak zúgolódása, hogy a király «a jobb czélra szánt adókat fölösleges haszontalanságokra pazarolja», nem is a tudomány és művészet pártolása ellen irányult, hanem az ellen a mérhetetlen pazarlás ellen, a melylyel Mátyás udvartartását szakadatlan pompájával az összes európai udvarok fölé igyekezett emelni.

A mit szerzőnk e fejezetünket illetőleg följegyzett, majd-

---

[1] *Csánki,* Mátyás udv. 149. l.

nem kizárólag Mátyás udvarára vonatkozik. Mindjárt megjegyez-
zük, hogy bármily tulzónak lássanak adatai, a többi egykorú
adattal való egybevetés alapján egészében mégis igazaknak kell
tartanunk őket.[1] A renaissance pompája természetesen Olaszországból indul
a magyar földre, mindjárt a kora-renaissance első képviselőivel,
az *Anjoukkal.* Károly Róbert király fényes temetése az első kiváló
alkalom a megnyilatkozására.[2] Nagy Lajos temetése már nem
olyan pompás külsőleg, de — teszi hozzánk szerzőnk — «szív-
ből», bensőleg, őszintén gyászolta meg a nemzet.[3] Zsigmondnak
főként építkezéseiben nyilvánult pompaszeretete;[4] I. Ulászlónak
a hosszú hadjárat után Budára való bevonulása volt emléke-
zetes.[5]

Valódi nagyságában azonban csak *Mátyás udvarában* tárul
elénk a renaissance teljes pompája. A cseh fogságból hazatérő
fiatal király első budai bevonulása[6] s hat évvel később koro-
názó ünnepélyének fénye[7] már sejteti a ragyogó jövőt. Mindkét
ünnepély még patriarchális magyar jellegű s voltaképen nem is
Mátyás, hanem a nemzet s első sorban a papság rendezte szere-
tett királya tiszteletére. Később azonban, mikor állandó nagy
jövedelmeket tud magának biztosítani, gyakrabban érintkezik az
olasz udvarokkal s főképen Beatrix pompaszeretetének hatása
alatt mindig nagyobb és nagyobb gonddal hódol a külföldi
udvarok fényének.

Mátyás fejedelmi pompáját, a mint a boroszlai fegyverszü-
net[8] és az olmützi békekötés[9] alkalmával, továbbá a Beatrixért[10]
s utóbb Sforza Biankáért[11] küldött követségeiben elénk tárul,
általánosságban az iparművészet tárgyalása folyamán már volt
alkalmunk látni. Násza Beatrixszal, melyre Európa összes feje-
delmei hivatalosak voltak[12] s a római hadvezérek triumphusainak

---

[1] V. ö. *Csánki,* Mátyás udvara VI., VII. és VIII. fejezeteit, 112—163. ll.
[2] II. 9. 352. *Thuróczi,* II. 99. (Schwandtner, I. pp. 166—170.)
[3] II. 10. 378. *Küküllei,* c. 55. (Schwandtner, I. p. 198.)
[4] 433. III. 3.
[5] 479. III. 6. *Callimachus,* De rebus Uladislai. 5. II. (Schwandtner,
I. p. 496.)
[6] 536. III. 9.   [7] 562. IV. 1.   [8] 600. IV. 3.   [9] 628—629. IV. 3.
[10] 607—608. IV. 4.   [11] 660. IV. 7.   [12] 608. IV. 4.

példájára történő bevonulása egy-egy diadalmasan megvívott várba, mint 1485-ben Bécsbe[1] és 1487-ben Bécs-Újhelybe,[2] vagy mikor győztes hadvezéreit fogadja székhelyén, mint 1476 szeptemberében a törökön győztes belgrádi kapitányokat;[3] leginkább pedig, mikor díszesebb fejedelmi követség érkezik udvarába, mint Arragoniai János bíboros, pápai követ, Beatrix királyné testvére, ki elé a király egyházi s világi nagyjainak kíséretében (1479) a deczemberi hideg ellenére éjjel három órakor vonul ki a képzelhető legpazarabb világítás: ezernyi viaszkfáklya fénye mellett;[4] mindez szinte szakadatlanul alkalmat nyujt a királynak pompájának teljes kifejtésére.

A királyi udvar fénye azonban nem csupán egyes kiválóbb alkalmakkor nyilatkozik meg, hanem állandóan székhelyévé válik a külföldi udvarok szokásainak és pompájának. Szerzőnk, természetesen, ismét Beatrix érdemeit helyezi előtérbe. Mióta ő itt van — írja — azóta változtatja meg a király udvartartását, kevesli az egyszerű lakást, rendezi be fényes termeit és ebédlőit. Beatrix ösztönzésére állít a király palotájában ajtónállókat, véget vet a hivatlan vendégek ki- és bejárásának; ezután a nemesek is csak meghatározott időben, külön meghívásra jelenhetnek meg az udvarnál;[5] szóval teljes mértékben érvényesülni kezd az, a mi ellen a magyar urak annyira kikeltek, az olasz és a spanyol udvari etikett.[6]

A külföldi példa utánzása az *étkezésben* is megnyilvánul. A régi magyar ételek mellett divatba jönnek az olasz módra készített ételek, sajtok, gyümölcsök is.[7] Mátyás nem elégszik meg azzal, hogy néha-néha ajándékba kap belőlük olasz rokonaitól, hanem állandóan tart udvarában kertészeket, hogy olaszos konyháját ellássák és sajtkészítőket, hogy olasz, szicziliai és franczia módra készítsenek sajtot udvara részére.[8]

---

[1] 648. IV. 6.   [2] 665. IV. 8.   [3] 608. IV. 4.   [4] 632. IV. 5.   [5] 653. IV. 4.

[6] «Contra Ungari ... regiam Maiestatem quotidie incursare, quod ... patrios et servos mores exueret, aboleret antiquos ritus, et ad *Latinas*, imo *Gotalanicas* delicias, effeminatosque mores plane transfugeret.» 654. IV. 7.

[7] «Scythicis Italicos mores infernit, et Latinis quoque epulis oblectavit.» 653. IV. 7.

[8] «Qui caseos etiam Latino, Siculo, Gallicoque modo conficerent, evocati.» 653. IV. 7.

A nagy király különben mindig sokat adott arra, hogy vendégeit illő módon fogadja. Özvegy korában azt is megtette, hogy ha barátait várta vendégéül, maga is ki-kinézett a konyhába.[1] A boroszlói fegyverszünet áldomását megelőző éjen semmit sem aludt, annyira gondja volt rá, hogy fejedelmi vendégeit jól fogadhassa.[2] Később Beatrix fölmentette az ilyen gondoktól, mert a királyné mindenképen jó háziasszonynak iparkodott bizonyulni.[3] Az udvari konyha felügyelői közül szerzőnk révén Drágfi Bertholddal ismerkedünk meg, a ki a moldvai hadjárat idején (1467) vendégelte meg jól Mátyás barátait.[4] Az a Péter pedig, a ki a halált okozó rossz fügéket nyujtotta a nagy királynak, valószinüleg kisebb állású egyén, talán az éléskamra gondozója volt.[5]

A vendégségek alatt a *társalgás* hol komolyan, hol csapongó jó kedvben folyt, mert a nagy király igen szerette a tréfát és az élczet.[6]

Az étkezés fűszeréül azonban még sem a társalgás, hanem főként a kitünő magyar *bor* szolgált. Rendesen igen sokat ittak, úgy hogy szerzőnk a részegeskedést kiválóan «magyar szokásnak bélyegzi».[7] A magyarok nagy borivásának különben Olaszországban, úgy látszik, nagy híre volt. A nagy költő, Ariosto, mikor Hippolit bíboros Magyarországba vendégéül hívja (1517), egyik szatirájában azt feleli, hogy nem jöhet, mert beteges és ártalmára

---

[1] «Quandoquem ita popularis, ut inter amicos domestice caenaturus, culinae curam obiret.» 676. IV. 8.

[2] «Tota nocte nihil intentuis curavit, quam ut pro dignitate reges exciperet...» 600. IV. 3.

[3] «... non modo reginalis, sed privatarum quoque mulierum officia implebat». *Galeotto,* De dictis, c. 3. (Schwandtner, I. p. 536.)

[4] «Drach Bertholdum, ea tempestate *dispensatorem* suum... convivas bene tractare iussit.» 571. IV. 1.

[5] «*Promptuarius.*» 671. IV. 8. V. ö. *Csánki,* Mátyás udv. 38. l.

[6] «Salibus et faceciis admodum obleclatus est.» 676. IV. 8. *Galeotto* egész munkája rá a bizonyság.

[7] II. Béla: «Cum amicis saepe commessabatur, et in multam noctem convivia protrahebat. Quo factum est, ut *Ungarico* more in ebrietatem inciderit.» 285. II. 6. *(Thuróczi,* II. 44. Schwandtner, I. p. 144.) Az «Ungarico more» kifejezést Bonfini szúrja be Thuróczi elbeszélésébe. Azonban a németek is sokat ittak; a radnai bányászokat részegség közben lepik meg s mészárolják le a tatárok. 320. II. 8. *(Rogerius,* c. 20. Font. Dom. IV. p. 59.)

lenne az erős bor, «a melyet az ottani lakomákon olyan bőven isznak, hogy szentségtörés számba megy nem inni sokat és tisztán».[1] A víg lakomákat rendesen *táncz* követte.[2] A páros és a körtáncz országszerte igen kedvelt mulatsága volt a magyarnak. Nagy örömében gyorsan tánczra perdült a hevülékeny tömeg, mint Mátyás választásakor[3] és hazajövetelekor,[4] vagy a katonák diadalmas csaták után. A zenét a nép tánczához rendesen fuvóhangszerek szolgáltatták,[5] de ha zenészek épen nem voltak jelen, akkor ütemes énekszóra tánczoltak,[6] mint a kenyérmezei csata hősei. Ezek, írja szerzőnk, bortól fölhevülve, katonai tánczot jártak teljes fegyverzetben. Azután mindegyikük külön-külön mutatott be valami tréfás mozgást, tánczot és ugrándozást, a min a többiek jót nevettek. Mikor azután Kinizsi Pálra került a sor, kiállott a középre, lehajolt s a nélkül, hogy a kezével hozzányult volna, pusztán a fogával fölemelt egy holttestet és ütemesen (numerose) végig lejtett vele a körben; erre a többiek már nem nevettek, hanem inkább csodálkoztak rajta.[7]

A táncz azonban nem csupán a nép szórakozása volt, hanem a fényes udvarokban is kedvelt mulatság volt. *Hunyadi János,* mikor Zsigmond császárral Olaszországban járt, nem csupán daliás termetével és pazar fényű öltözetével, hanem tánczával is nagy föltűnést keltett; a legelőkelőbb hölgyek óhajtottak vele tánczolni, úgy hogy maga Zsigmond is megirigyelte.[8] Mikor a nagy hős halála után családja *V. László* királyt vendégül látja Temesvártt, a kibékülés örömére rendezett fényes lakomát szintén táncz követi.[9]

[1] *Radó Antal:* Ariosto Őrjöngő Lórántjához írt bevezető tanulmányában. Budapest, 1893. 60. l.

[2] V. ö. *Csánki,* Mátyás udv. 160—161. ll.

[3] «Saltationibus cantuque passim exultare» ... 533. IV. 9.

[4] 535. III. 9.

[5] «Tibis, tympanis ac fistulis ... exultare.» 533. III. 9. «Tubarum clangor, tympanorum timitus effusus est.» (Mátyás választasakor és hazaérkezésekor.) 535. III. 9·

[6] «Elatis in *numerum* clamoribus.» 639. IV. 6.

[7] 639. IV. 6.

[8] «Conspicius incidens, cum nobilissimis matronis saltare iussus est. Id aegre Sigismundum tulisse ferunt.» 538. III. 9.

[9] 521. III. 8.

Mátyás valahányszor házigazda, mindig nagy gondot fordít a táncz rendezésére. Boroszló ostroma folyamán a városban folyton tánczra hívta a város hölgyeit és urait, sőt az ostromló lengyel és cseh sereg előkelőbbjeit is.[1] Az olmützi béke áldomásán a város előkelő hölgyeit szintén meghívta lakomája után a tánczra. Beatrix királyné is részt vesz a tánczban Ulászló királylyal, Ferencz arragoniai herczeg pedig egy szép hölgygyel járta a német keringőt.[2] Hogy maga Mátyás is tánczolt volna, szerzőnk nem említi egy alkalommal sem, de tudjuk, hogy lakodalma alkalmával Beatrixszal többször maga is tánczra kerekedett.[3]

Gyakori szórakozása az udvarnak a *bohóczok játékában* s magasabb stilusban a *szini előadásokban* való gyönyörködés. Mikor a Hunyadi-család Temesvártt V. Lászlót vendégül látta, a lakoma fényét az énekesek és bohóczok előadása tette fényesebbé.[4] Boroszló ostroma folyamán Mátyás ideiglenes szinházat építtetett a várfal közelében, hogy az ostromló ellenség is láthassa, mily biztonságban érzi ő magát.[5] Bécs-Ujhely ostromlása alatt szintén szinelőadásokkal igyekszik elűzni a hét hónapig huzódó ostrom unalmát.[6] A boroszlai fegyverszünet után a szinészek a jelenetek hosszú sorozatát adják elő.[7] Az olmützi béke áldomásán a város piaczán állíttatott föl nagy költségen szinházat s a lakomák alatt a bohóczok, szinészek és énekesek szakadatlanul mulattatták a vendégeket.[8]

---

[1] 596. IV. 3.   [2] «Germanicam pyrrhiciam.» 629. IV. 5.

[3] A *pfalzi követ* jelentése (Schwandtnernél, I. p. 525—527.) «Cum mensae remotae essent, saltationi in eodem coenaculo dabatur locus ... tertias Rex et Regina ducebat». Ismét : «A prandio ventum est ad choreas, et in chorea tertia Rex atque regina saltassent» ...

[4] «Opipara celebrata conviva, quae carminíbus, mimis et saltationibus excoluere.» 521. III. 8.

[5] «Pro moenibus temporaria theatra extruxit.» 596. IV. 3.

[6] «Temporariam ibi regiam scenaculumque in amphitheatri speciem cum proximo sacello construxit.» 663. IV. 8.

[7] «Adiecta mox histrionum festivitas, qui longissimum missuum ordinem condirent.» 600 IV. 3.

[8] «Temporariam in foro theatrum scena orchestraque sumptu magno paratum, ubi ludi scenici, saltationesque editae. Inter prandendum nunquam in scena et hippodromo cessatum ; aliqua semper edita spectacula, hinc mimi, histriones, citharoedi, hinc equorum certamina, infestis hastis congredientium.» 629. IV. 3.

9*

Természetes, hogy magyar szinész és bohócz ekkor nem
találkozott, Mátyás tehát nagy költséggel idegeneket kénytelen
fogadni. A szini-előadások tárgya rendesen komoly, európai
divat szerint mysteriumokat adnak elő; vallásos párbeszédeket
énekekkel és némi látványossággal.[1] A szini-előadások komoly
méltóságával teljesen ellenkező, és szórakozásul is könnyebb volt
a bohóczok pajzán tréfálkozása. Mindezen látványosságoknak
kiváltképen Beatrix volt nagy kedvelője.[2]

Mátyás a maga részéről inkább a férfias szórakozásoknak,
a harczi játékoknak, lovagi bajvivásnak és a vadászatnak volt
barátja.

A *lovagi bajvívásnak* szerzőnknél Nagy Lajos korából találjuk
az első nyomot.[3] Nagy Lajos után azonban, mintha divatját multa
volna, Zsigmond udvarában alig néha találkozunk vele, csak
Mátyás kelti új életre.[4] Mátyás személyesen maga is többször
részt vett Budán is, Bécsben is az állandó lóversenytéren vivott
küzdelmekben.[5] Székesfehérvárott 1465-ben nyolcz álló napig
folyt a lovagi torna; közben a király is megvivott Svehlával, a
cseh lovaggal, ki seregében altiszt volt, s a kit később garázda-
ságáért felköttetett.[6] A német Holubárral vívott mérkőzésének
emlékét Galeotto őrizte meg számunkra.[7] Mindezen küzdelmek-
ben a király mint lovag lovaggal szemben, s nem mint király
alattvalójával szemben kivánt föllépni, s többször nyiltan kijelen-
tette, hogy ellenfelei ne tekintsenek királyi méltóságára,[8] Holubárt
meg is eskette, hogy úgy fog vele küzdeni, mint halálos ellen-
séggel szokás.[9]

---

[1] *Csánki,* Mátyás udv. 122. l.

[2] 653. IV. 7.

[3] Aversában «inferias Andreae operatus, funebres ludos edidit, militibus
missilia sparsit.» 365. II. 10.

[4] *Csánki,* Mátyás udv. 154. l.

[5] «Equestri certamine et aurigatione a iuventute non sire summa voluptate
usus est. In hyppodromo Budae ac Viennae infesta saepe hasta depugnarit.»
676. IV. 8.

[6] 564. IV. 1.

[7] De dictis etc. c. 14.

[8] «Nullam in certamine dignitatis suae rationem haberi jubebat, quin
et publico id saepe agebat, edicto.» 562—63. IV. 1.

[9] *Galeotto,* i. h.

Még gyakrabban mások bajvivásában gyönyörködik a király
és udvara. E nélkül egyetlen ünnepély sem mulhatott el.
Koronázásakor Székesfehérvárott,[1] Beatrix-al való menyegzője alkalmával,[2] Boroszló ostroma folyamán[3] s a fegyverszünetet követő
lakomán,[4] az olmützi béke-áldomásán[5] szinte szüntelenül folyik
a lovagi mérkőzés, kopjavetés, lovasküzdelem. Az alsóbbrangú
mérkőzők számára pályadíjakat tüz ki a király,[6] melyeket azután
a győzők, lovagi hagyományokhoz képest, egy-egy szép udvarhölgy kezéből vesznek át.[7]

Még később is, mikor már elbetegesedik, nagy gyönyörűségére van a királynak a bajnoki mérkőzések szemlélete. 1490.
tavaszán Bécsben rendez nagyobb mérkőzéseket. Ez alkalommal
lép fel először a küzdőtéren az ifjú János herczeg; még pedig
oly sikerrel, hogy az első összecsapásnál levetette lováról
ellenfelét.[8]

A nagy király által adott példát vitézei az ő halála után is
teljes fényében föntartják. Mikor II. Ulászló Lőcsén (1494.)
találkozik, a magyar ifjak diadalmasan mérkőznek a cseh és lengyel vitézekkel; Báthori György és Perényi Gábor tüntették ki
magukat leginkább.[9]

Nem oly előkelő, de szórakozásul kitünő mulatság volt az
«öklelések», birkózások végignézése. Mátyás és Podiebrád találkozása alkalmával (1468.) Zdenkó cseh főúr indítványára, a pápai
követ ellenére a két király udvari bolondja állott ki a
síkra, hogy eldöntsék, a katholikus vagy a husszita vallás-e az
igaz? Hosszú, szenvedélyes küzdelem után Mátyás udvari bolondja
teperte földre ellenfelét.[10]

---

[1] 564. IV. 1.

[2] A *pfalzi követ* jelentése (Schwandtner I. 520. 522. 526.)

[3] 596. IV. 3.

[4] 604. IV. 3.

[5] 628—29. IV. 5.

[6] Az olmützi áldomáson: «quotidie equestri certamine pugnatum,
magnaque ac varia victoribus praemia proposita, proque regali magnificentia
multa in spectaculo sparsa missilia». 628—29. IV. 5.

[7] *Csánki,* Mátyás udv. 155. l.

[8] 671. IV. 8.

[9] 734. V. 4.

[10] 580—81. IV. 2.

134 NEGYEDIK FEJEZET.

A *ló- és kocsiversenyek* szintén kedves szórakozásul szolgáltak Mátyás udvarának. Budán,[1] Visegrádon s később Bécsben[2] is állandó, Olmützben a béke-áldomásának folyamán ideiglenes[3] lóversenyteret készíttetett, melyek egyúttal a bajnoki mérkőzések szinteréül is szolgáltak.

Ugyancsak a lóversenytereken folytak le a *kocsiversenyek* is, úgy látszik, teljesen a görög és római hagyományok hatása alatt. Maga Mátyás is, nejével együtt, többször kocsira száll és küzd a babérért.[4] Ha azonban az idő engedi, *hajón* is szivesen tesz kirándulásokat; Bucentaurus nevű díszhajója Komáromnál állomásozott.[5]

A *vadászatról* szerzőnk keveset beszél, csupán királyaink vadászszenvedélyét említi jelentéktelen adatokkal. Nagy Lajos[6] és I. Ulászló[7] sokat vadásznak; V. László 1456-ban vadászat ürügye alatt szökik el Budáról Czilleivel a török háború elől;[8] II. Ulászló az 1496-ki pestis alkalmával az ország különböző részeit bejárja, mindenütt vadászattal szórakozva.[9] Álmos herczeg vadászszenvedélyét szintén érinti szerzőnk.[10] Csak épen Mátyást nem említi szerzőnk, hogy vadászott volna, — arról azonban értesít bennünket, hogy koronázása után Budán *oroszlánvadászatot és gladiátori játékokat* rendezett.[11] De bajos eldönteni, hogy eleven oroszlánokkal vívtak-e a gladiátorok, mint ezen és a következő században a franczia udvarban divatban volt, vagy pedig vadállatoknak öltözött álarczosok léptek-e föl egymás ellen, mint ezt az angol és olasz udvarok ünnepélyein látjuk.

---

[1] «Hyppodromus» 563. IV. 4.

[2] 671. IV. 8. V. ö. *Csánki,* Mátyás udv. 156. l.

[3] 629. IV. 5.

[4] «Aurigatione assidua usus est» 563. IV. 1. és «Equestri certamine et aurigatione iuventute non sine summa voluptate usus est. 676. IV. 8. Rex saepe cum regina aurigavit. 608. IV. 4.

[5] L. fönnebb «Tudomány és művészet» cz. fejezetben 118. l.

[6] 378. II. 10.

[7] 473. III. 5.

[8] 512. III. 8.

[9] 748. V. 5.

[10] L. fönnebb a «Föld és népe» cz. fejezetben 118. lap.

[11] «Praetera leonum venationes, duo vel tria gladiatorum paria» ... 563. IV. 1.

Mátyás tartott ugyan udvarában oroszlánokat,[1] de alig ezen czélra.[2] A testedző sportok mellől a szerencsejátékok sem hiányoznak. Nagy a kelete a *koczkajátéknak.* Mátyás egy alkalommal, a cseh háborúk idején, alvezéreivel egy éjszakán át kitünő szerencsével játszott, úgy hogy 10,000 aranyat nyert; másnap ebből fizette ki a katonáinak régóta elmaradt zsoldját.[3]

A külföldi főrangú udvaroknak kedves játéka, a *sakk* is kedvelőket talál a királyi udvarban. Az iparművészet tárgyalása alkalmával láttuk annak a művészi sakkjátéknak rajzát, a melylyel Károly Róbert ajándékozta meg János cseh királyt.[4] Az olmützi béke-áldomásán Beatrix királyné Mátyás kivánságára, gyakorta sakkozott Ulászló cseh királylyal.[5]

A renaissance irányának képviselői kezdik először nagyobb mértékben figyelni és élvezni a *természet szépségeit.*[6] Mátyás e tekintetben is teljesen kora embere. Mestere, *Vitéz* János ebben is jó példát mutatott neki. A renaissance műveltségének magaslatán álló tudós főpap Esztergomban, érseki székhelyén, két kertet rendeztetett be, nyilt oszlopcsarnokokkal és fedett folyosókkal. A mennyire ideje engedte, mindig kerti lakában tartózkodott, mert a Dunára nézett és gyönyörű kilátást nyujtott a kertek szépségeire, — valóban olyan hely, a mely kiválóan alkalmas a bölcselkedésre és elmélkedésre.[7]

Mátyás is mindenütt, a hol huzamosabban tartózkodni szokott, diszes kerteket rendeztet be. Visegrádon valóságos világ csodájává teszi, függő kertekkel és szökőkutakkal diszesíti díszkertjét,[8] melyet a Károly Róberttől alapított és Zsigmond is

---

[1] Firenze városától kapta őket ajándékba; a nagy király halála napján, szerzőnk szerint, mind megdöglöttek. 672. IV. 8.

[2] *Csánki,* Mátyás udv. 158. l.

[3] 656—57. IV. 8.

[4] L. fönnebb 75. lapon. Ismételjük azt a véleményünket, hogy szerzőnk a Mátyás udvarában látott sakktáblák rajzával bővítette meg Thuróczi szövegét.

[5] 629. IV. 5.

[6] *Burckhardt,* i. m. II. 18—30. ll.

[7] 593. IV. 3.

[8] «Hic horti fontesque pensiles» 655. IV. 7.

gonddal ápolt.[1] Oláh Miklós még félszázad mulva is elragadtatással ír erről, pedig fénye ekkor már bizonyára aláhanyatlott.[2] De mégis királyi székhelyén, Budán alkotja e nemben a legnagyobbszerűeket. Közvetlen a vár alatt, a mai Krisztinaváros helyén[3] volt a legdiszesebb kertje, renaissance-stílben épült remekművű márványvillával, fedett folyosókkal, sűrű labyrinthusokkal, gyepágyakkal, halastavakkal és gondosan ápolt kavicsos utakkal.[4] Jóval odább, a mai lipótmezei hegyek környékén, a Sváb- és Jánoshegy táján[5] egy másik, Pest síkján egy harmadik diszes kertje terül el, itt szokta gondjait felejteni.[6] Élete végén második fővárosában, Bécsben teszi diszesebbé az ott talált kerteket, függőkerteket létesít, árnyas ligeteket, mesterséges romokat rakat, a sétahelyül szolgáló oszlopos csarnokokat szőlővel futtatja be.[7] Mindezen díszkertek gondozására Olaszországból hív be műkertészeket.[8]

Az olasz renaissance a természet iránt való tudományos érdeklődésében, a növények és állatok összehasonlító megfigyelése czéljából megteremti a *botanikus kerteket* és az *állatseregleteket.*[9] Mátyás mindenre kiterjedő érzéke e téren is megnyilvánul.

Budai díszkertjében a legkülönfélébb fákkal és cserjékkel találkozunk,[10] de mégis főként az állatgyüjtésre fordítja figyelmét. Budai díszkertjében nem csupán a hazai, hanem a külföldi madarakat is nagy gonddal őrizteti vashálókban.[11] Külső budai kertjében pedig a szelid és vadállatok nagy gyüjteménye volt látható; bizonyára nem pusztán gazdasági, hanem egyúttal

---

[1] 26. I. 1. és 655. IV. 7. V. ö. *Wenczel*, Magy. mezőgazd. tört. 313. l.

[2] Hungaria, c. 6. (*Bél*, Adp. p. 25.)

[3] *Wenczel,* i. m. 314.

[4] 655. IV. 7.

[5] *Csánki*, Mátyás udv. 180. Akkor Nyéknek hívták.

[6] «Ubi a curis animum relaxare mos erat.» 655. IV. 7.

[7] 656. IV. 7.

[8] «Cultores hortorum ex Italia educti.» 653. IV. 7.

[9] *Burckhardt*, i. m. II. 11—17. ll.

[10] «Xysti per ordinem digesti, variisque arborum generibus circumvallati.» 655. IV. 7.

[11] «Aviaria e peregrinis nostratibusque avibus, quae ferrea retia coercebant.» 655. IV. 7.

magasabb tudományos czélokra is.[1] Tatán[2] és Visegrádon[3] szintén
nagy vadaskerteket tart a király, oroszlánjairól föntebb már meg-
emlékeztünk.

Félig sportszerű szórakozás, félig fontos egészségügyi tényező
a hideg és meleg *fürdők* gyakori használata. Szilágyi Mihály
azon beszédében, a melyet szerzőnk Mátyás választása előtt ajkára
ad, unokaöcscse egyéb kiválósága mellett azt a bravurját is föl-
említi, hogy a Dunát már mint gyermek gyakran átúszta.[4] Buda
és környéke gazdag volt természetes meleg forrásokban,[5] szer-
zőnk a mai Császárfürdő és Lukácsfürdő forrásait emeli ki külö-
nösen, a melyek körül egész helység keletkezett, a melynek
Felhévíz volt a neve.[6] Mátyás azonban a természetes hideg és
meleg fürdőkkel be nem éri, hanem mint mestere, Vitéz, eszter-
gomi palotájában,[7] ő is budai palotájában hideg és meleg fürdő-
szobákat létesít,[8] úgyszintén később bécsi palotájában is.[9]

Míg az udvar a renaissance számtalan szórakozásában gyö-
nyörködik, az idegen hatástól jobban menten maradt urak kivált-
képen a fényes *ruházkodásban* fejtik ki pazar pompájukat. Öltöz-
ködésük fénye a legnagyobb mértékben megragadja szerzőnk
figyelmét, s jellemzésül elmondja azt, a mi az ó-kor bámulatával
eltelt humanista ajkáról a legnagyobb elismerés, hogy a magyar
ruházata, még a római imperátorok díszruháit is fölülmulja.[10]
Állítását több példával igazolja. *Hunyadi János*, mikor Zsig-

---

[1] Sylvestrium ferarum amplissima sane vivaria spectabantur, magna
quoque hic cicurum copia»... 655. IV. 7. A budai udvartartás számára
nagyrészt innen került ki a tej, vaj és hús. *Csánki,* i. m. 181. l.
[2] 197, II. 1.
[3] 655. IV. 7.
[4] 531. III. 9.
[5] «Calidis aquis undique scatens ... *Galeotto,* De dictis c. 31. (Schwandtner
I. p. 563.)
[6] Suburbium novae Budae, quod ad Calidas aquas situm est, et Felhevyz
nunc Scythice appellant.» V. ö. *Thuróczi:* Oppidum Thermarum, Hungarico
idiomate Felhevyz vocatum (IV. 33. Schwandtner I. p. 245.) és *Oláh,* Hun-
garia, c. 5. (*Bél,* Adp. p. 9—10.) Felhéviz fekvéséről l. *Csánki,* Tört. föld-
rajz. Hunyadiak kora. I. 90. l.
[7] «Caldarias frigidariasque cellas ... erexit» 593. IV. 4.
[8] 664. IV. 7.
[9] 656. IV. 7.
[10] «Habitu lautissimo uti mos erat, qui trabes Romanos exuperet» 653. IV.7.

monddal külföldön jár, a látványosságoknál, lakomákon és tánczmulatságokon olyan drága és diszes öltözetben jelenik meg, hogy több fejedelemnél nagyobbra tartják érte, s a fejedelmi hölgyek is mindenütt kitüntető szivességgel fogadják és óhajtanak tánczolni vele.[1] *Mátyás* otthon rendesen egyszerűen öltözködik; de ha a nyilvánosság előtt föllép, nagy gondja van ruházatára.[2] Ilyenkor aztán környezete is kitesz magáért. Ujlaki Lőrincz fényes öltözetét a boroszlói fegyverszünet lakomáján már volt alkalmunk látni, valamint azt a pompát is, a melyet a nagy király követségei és a magyar urak később, II. Ulászló koronázása alkalmával kifejtettek.[3]

A *nők öltözékéről* szerzőnk semmit sem jegyzett föl számunkra, csupán Árpádházi szent Erzsébetről említi, hogy «megvetette az öltözködésben való fényűzést, a nők gyönyörűségét.»[4]

A *haj gondozása* szintén nagyban hozzátartozott az uri föllépéshez; és pedig nem csupán a nőknél (bár szerzőnk erről nem tesz említést), hanem a férfiaknál is. A magyar urak, ép úgy mint a csehek,[5] nagy gonddal piperézik ki hajukat, és gyöngysorokat fűznek hajukba is, szakállukba is.[6] Úgy látszik, hogy a hajat festették is, vagy hamis hajbetéteket hordtak fehér és sárga selyemből,[7] s így volt lehetséges, hogy azon 300 nemes ifjú közül, a kik Pruisz János váradi püspököt 1486-iki követségbe kisérték, igen soknak egyforma aranysárga volt a haja, mert épen a szőke színt tartották a haj ideális szinének,[8] s ezek is gyöngyös füzéreket viseltek hajukban.[9] Hunyadi Jánosnak[10] és

---

[1] 538. III. 9.

[2] «Domestico et mediocri delectatus habitu: nisi cum res postulabat, tunc decorum studiosissime servavit.» 676. IV. 8.

[3] L. fönnebb az *iparművészet* tárgyalása folyamán 85. és 87. lap.

[4] 311. II. 7.

[5] 628. IV. 5.

[6] «Excolere comas, gemmata serta gestare ... mos erat.» 653. IV. 7.

[7] Ez épen ezen tájban Olaszországban nagy divat volt. *Burckhardt,* i. m. II. 121. l.

[8] «Ex his torquatos multos cernere erat; caeteros vero, quibus aurei crines fuerant, gemmatis capita sertis obductos.» 660. IV. 7.

[9] *Burckhardt,* i. h.

[10] «Crispis crinibus, castaneae colore subnitentibus.» 517. III. 8.

Lászlónak[1] gesztenyebarna szinű, göndör haja volt, Mátyásé kissé vöröses.[2] A hajat a férfiak hátul hosszan meghagyták és leeresztették.[3]

A magyarok és székelyek,[4] mint a keletről később beköltözött rokonaik a bessenyők[5] és kúnok[6] hosszú szakállt s a mi ezzel együtt jár, bajuszt viseltek. Ezért Zsigmond király, «hogy megnyerje a magyarok tetszését, a kik hosszú szakállat viseltek» maga is hosszú szakállat hord, «a mi nagy tekintélyt adott neki.»[7] Arról szerzőnk nem emlékezik, hogy voltak magyarok, köztük első sorban maga Mátyás király, a kik a nyugateurópai divat szerint egészen borotválkoztak.

Végig tekintve szerzőnknek a magyar udvari életre vonatkozó adatain, látva azt a rendkívüli erős hatást, a melyet az idegen műveltség tesz a nagy *nemzeti* király közvetlen környezetére, önkénytelenül fölmerül az a kérdés, a melyre szerzőnk egyáltalában világot nem vet, hogy a magyar nemzeti nyelv és szokások mily mértékben érvényesültek Mátyás udvarában? Csak két adatra hivatkozunk, de ez a két adat, az idegen műveltség legelsőrangú képviselőjének, Beatrix királynénak tollából, a renaissance teljes kifejlődöttségének éveiből, minden kétséget

---

[1] «Crines demissi et castaneae colorem imitantes.» 522. III. 8.

[2] «Flava comes» 657. IV. 8. *Galeotto,* nyiltabban ír : «Cappilli non pleni rutilo subcrispo denso atque promisso.» De dictis, c. 23. (Schwandtner, I. p. 533.)

[3] Hunyadi László kivégzésekor : «lictorem crines colligere iubet.» 521. III. 8. Mátyásról Galeotto i. h. — A Pruisz János kiséretében levő 300 ifjú is valamennyi : «intonsi omnes.» 660. IV. 7.

[4] «Siculi barbati incedunt et austeri.» 137. I. 7.

[5] Mikor a németek Ernő osztrák markgróf vezetése alatt Salamon segítségére jönnek (1074.), megijednek a torzonborz bessenyőktől, s nem is mertek megütközni velük. (V. ö. *Pauler,* Árpádok kora I. (1. kiad.) 167. l.) *Thuróczi,* II. c. 53. (Schwandtner I. p. 126.) csak «horribiles aspectu et terribiles»-nek mondja a bessenyőket, szakállukról nem tesz említést ; szerzőnk hozzáteszi : «Bessenorum mos erat . . . demissas ferre barbas.» 248. II. 4.

[6] Szerzőnk azt, a mit Fülöp fermói püspök, pápai követ 1279-ben a kúnokra nézve követelt, hogy a magyar szokás ellenére szakállukat és hajukat rövidre nyírják, — tévesen a magyarokra vonatkoztatja (333. II. 8.), — bár forrása, Thuróczi (II. c. 80. Schwandtner I. p. 152.) a kún-törvényt egészen híven kiírta.

[7] 132. III. 3. = *Thuróczi,* IV. c. 24. (Schwandtner I. p. 237.)

kizárólag eldönti a kérdést. Mikor arról volt szó, hogy Hippolit, a királyné unokaöcscse, Magyarországra fog jönni, hogy az esztergomi érseki székbe üljön, Beatrix 1486 augusztus 3-iki levelében figyelmezteti testvérét, Eleonorát, a kis herczeg anyját, hogy a herczegnek «meg kell tanulnia a *magyar nyelvet*, és hogy itt tartózkodhassék, el kell sajátítania ezen *ország szokásait* és életmódját, hogy kedves lehessen ne csupán férjemnek, a királynak és nekem, hanem valamennyi magyar bárónak és úrnak is».[1] Mikor Hippolit öcscsét, Fernandót is Mátyás udvarába készülnek hozni, Beatrix 1488 julius 28-iki levelében előre figyelmezteti Herkules ferrarai herczeget, hogy Mátyás azt akarja, hogy a herczeggel «csak a legszükségesebb kiséretet küldjék, mert a többi személyzete magyar fog lenni, mert alkalmazkodnia kell a *magyar szokásokhoz és életmódhoz;* ő felsége ugyanis fiává akarja fogadni».[2]

Folytathatnánk a bizonyítékok sorozatát,[3] de már az említett két adat is kétségtelenné teszi, hogy Mátyás, az idegen műveltség pompája közepette is, a magyar nemzeti műveltséget és szokásokat megbecsülte és udvarában teljes mértékben fönn is tartotta.

---

[1] *Dipl. Eml. Mátyás korából*, III. 152.: «Habia imparare la lingua Ungara, et per havere da stare, pigliare le modi et constume dell paese» . . . etc.

[2] *Dipl. Eml.* III. 428. «Solum vole (Mátyás) porta con esso le persone nacessarie, perche le altre vole siano hungare, accioche si habia ad conformare con le costumi et modi hungarj» . . . etc.

[3] *Csánki*, Mátyás udvara, 81—86. ll.

ÖTÖDIK FEJEZET.

Vallás és erkölcs.

Hitbuzgóság. Mátyás vallásossága. Áldozás csaták előtt. Szűz Mária és a szentek tisztelete. A papság állása, birtokai, jövedelmei. Babonaságok. Astorlogia. A magyarság erkölcsi tisztasága. A magyar katonaság erkölcsisége. A nők becsülése. Az erkölcstelenség üldözése. Istenkáromlás, kapzsiság.

A renaissance-műveltségnek magaslatán álló udvar, főpapok s főurak mellett a nemzet nagy részének szellemi tőkéjét jóformán csak vallásbeli ismeretei alkotják, — élete irányát nem Plato philosophiája, hanem a keresztény erkölcstan szabja meg. Mintha csak Tacitus elismerő nyilatkozatát hallanók a germánok vallásos és erkölcsös életéről, úgy hatnak ránk az elkorcsosult Itáliából hozzánk szakadt idegen szerző idevágó nyilatkozatai és elismerése.

A *magyarság vallásossága* valósággal bámulatra ragadja szerzőnket,[1] úgy hogy ezen jellemvonásukat a *hunokra* is átviszi, mint ezen testvérnemzetek velükszületett tulajdonságát.[2]

Mikor Nagy Lajos Rómába készül 1350-ben a jubileumra, «a magyar urak helyeselték szándékát, mert a mily nehezen fogadták be a hitet, ép oly szivóssággal tartják meg és követik».[3]

---

[1] «Religionem mirifice colunt». 24. 1. 1.

[2] «Eos (Unnos) pios et religiosos fuisse comperiemus, ac solide perfecteque litantes, quam quidem gentis religionem adhuc Ungaris, qui Unnorum sunt posteri, peculiari quadam natura prae caeteris ingenitam intuemur». 40. I. 2.

[3] «Comprobant sententiam caeteri proceres Ungariae, quippe qui orthodoxam fidem quanto difficilius admiserunt, tanto pertinatius retinent et colunt». 365—66. II. 10. V. ö. *Küküllei*, c. 22. és 23. (Schwandtner, I. p. 18.5); ki Nagy Lajos római díszes fogadtatását bőven leírja, a fönt idézett szavakat azonban Bonfini adja hozzá forrása elbeszéléséhez.

Királyaink vallásosságát a számtalan templom alapítása bizonyítja legfényesebben. A humanismus félpogány szelleme sem csökkenti Mátyásnak őseitől öröklött vallásosságát. «Nem közönséges jámborsággal tünt ki, bámulatraméltó volt vallásossága és annyira buzgólkodott a vallás dolgában, hogy békében és háborúban egyaránt, miként Nagy Sándor, jobbjában a vallás jelvényeit, baljában fegyverét tartotta.»[1]

De meglepő Mátyás azon tréfája, hogy egy alkalommal udvari bolondját párbajra bocsájtja Podjebrad udvari bolondjával, hogy küzdelmük döntse el, a katholikus vagy a hussita vallás-e az igaz vallás? Hosszabb küzdelem a Mátyás udvari bolondját juttatta győzelemre.[2]

Ez azonban egyetlen kivételes példa; — vele szemben a vallásosság megható példáival találkozunk.

A kereszténységért harczoló magyarok a kereszténység lelki fegyvereivel erősítik magukat a harczra: ütközett előtt *meggyónnak* s magukhoz veszik az Úr szent testét. Így pl. Szent László serege Cserhalomnál,[3] Hunyadi vitézei Rigómezőn, — a hol a vezér gyönyörű szavakkal buzdítja katonáit.[4] Ott, a hol lelkész esetleg nem volt velük, legalább jelképileg végezték áldozásukat, mint Báthori vitézei Kenyérmezőn.[5]

A magyar vallásos buzgóságának másik tanújele *Szűz Mária* iránt való kiváló kegyelete. Szent István neki ajánlja föl országát halálos ágyán,[6] azóta a magyarok mindig kegyes pártfogójuk

---

[1] «Praepolluit insuper pietate non mediocri, cui mira religio, et tanta divini sollicitudo cultus inerat, ut domi militiaeque non secus atque Alexander, dectra Deum, sinistra hastam ferret: in deos hominesque iuxta liberalis.» 676. IV. 8. V. ö. *Teleki* József gr.: A Hunyadiak kora, V. 558. l.

[2] 580—81. IV. 2.

[3] «Omnes proelium subituri, sanctissima animos eucharistia muniunt.» 236. II, 3. *Thuróczi,* II. c. 49. (Schwandtner, I. p. 116.)

[4] 495. III. 7. *Thuróczi,* IV. c. 56. (Schwandtner, I. p. 259—261.) bőven ír a csatáról, az áldozás jelenetét azonban Bonfini teszi forrása elbeszéléséhez.

[5] «Mox omnibus mysticam terram eucharistiae loco impartiri ... iubet.» 635. IV. 6. *Thuróczi,* IV. c. 38. (Schwandtner, I. p. 251—252.) ezúttal sem említi az áldozást, Bonfini az általános szokás alapján adja hozzá forrásához.

[6] «Elatis in coelum manibus, in concione divae Genitrici, perpetuae virgini acunicae Ungarorum dominae deaeque instantissime commendavit.» 213. II. 1.

gyanánt tisztelik. Tiszteletére építik a legtöbb templomot, hozzá fordulnak őseink bajukban segélyért,. örömükben hálaadásul,[1] a zászlókat képe díszíti.[2]

A *szentek tiszteletét* szintén templomaik nagy száma igazalja, másrészt őseinknek az ereklyék iránt tanusított kegyelete. II. Endre keresztes hadjáratának legnagyobb dicsősége az volt, hogy ereklyékkel megrakodva tért haza. «Magával hozta Szent István első vértanúnak és Szent Margitnak fejét, Tamás és Bertalan apostolok jobb karját, Áron vesszejének egy részét és egyet azon kőkorsók közül, melyekben, mint mondják, Megváltónk a vizet borrá változtatta; továbbá sok más igen nagy tiszteletreméltó ereklyét».[3]

A vallás és szentelt tárgyai mellett nagy becsületben részesítették őseink a vallás tanítóit, az egyházi férfiakat is. *A papság* az első rend az országban.[4] Törvény biztosítja függetlenségét a saját ügyeibeen, csak a király, mint főkegyúr intézkedhetik az egyházi ügyekben. Az 1486-ki törvény fölújítja Zsigmond feledésbe ment törvényét, hogy «semmiféle kormányzó, megyeispán vagy nádor se merészeljen valamely egyház, apátság vagy prépostság ügyében intézkedni, mert ez az egyházi intézkedés egyedül a királyi fölségre tartozik».[5]

A királyok és magánosok jámbor alapítványai és adományozásai rendkívül nagy birtokot juttatnak a papság kezére. Nagy Lajos óta az ország területének több mint harmadrésze egyházi birtok.[6]

Adót e nagy birtokok után sem fizetnek, csak Mátyás próbálja meg megadóztatásukat, sőt néha egyenesen a jövedelmeket

---

[1] 479. III. 6., 536. III. 9. 699. IV. 10. 744. V. 5.

[2] Mátyás zászlóin: 666. IV. 8. II. Ulászló király megválasztásakor így beszélt szerzőnk szerint: «Adsit imprimis huiusce patrona regni, divina Genitrix, sub cuius tutela omnem Reipublicae interitum avertemus». 699. IV. 10.

[3] 311. II, 7.

[4] 24. I. 1. 575. IV. 2. (Mátyás beszéde a cseh háború előtt): «In tria hominum genera universa digeritur Ungaria: unum Deo dicatum, in religione versatur: alterum, militiam, tertium agros colit».

[5] 651. IV. 7. 1486-i 37. tvczikkely.

[6] 377. II. 10.: «Religio in Ungaria nimis amplificata, atque usque adeo propagata, ut *plus tertia regni parte* in divinum usum possideret».

a maga részére letartóztatja; [1] — s az esztergomi érsek bánya-
tizedét vonja el; [2] — de a közvélemény ellene zúdul és a lázadó
Vitéz érsek mellett foglal állást.

Az ingatlan nagybirtok mellett a *tized* jövedelmét is biz-
tosítja még az 1486-iki törvény is. Megszabja a tizedszedők eljá-
rása módját, ezek sérthetetlenségét; — a tizedügyekben a birás-
kodást elvonja a római kuriától és a királyi törvényszék elé
utasítja.[3]

A vallásosság fényes lapjára azonban a *babonaság* sötét
árnyéka borul. Nem is szólunk a köznépről, hanem meglep ben-
nünket, hogy theologiai képzettséggel biró férfiak, maga Mátyás
király is oly elfogult volt e tekintetben.

Mátyás komolyan hitte, hogy édes anyjának követe ördögi
segítséggel a levegőn keresztül vitte el hozzája, Prágába édes
anyja levelét és izenetét, hat óra alatt oda-vissza.[4]

Szilágyi Mihály azon beszédében, melyben Mátyást királyul
ajánlja, egyik argumentumul fölemlíti, hogy Mátyásnak, mikor
atyjával együtt Szerbiában hadakozott, több jóslóasszony bizo-
nyosnak jövendölte, hogy király lesz.[5] Ugyancsak ily jóslással
találkozunk már jóval előbb: Drakula vajda fél Ulászlóhoz csat-
lakozni, mert egy bolgár vénasszony megjövendölte, hogy
Ulászlónak nem lesz szerencséje Várnánál.[6]

Máskor a fölhevült képzelet vallásos visiókat lát, mint Zsig-
mond pécsi püspök egyik szolgája, a ki 1495-ben Nagyboldog-
asszony napján, a mint Solt faluban útban volt Buda felé, hirtelen
nagy világosságot látott az égen, megrettenve földre borult s a
mint fölpillantott, úgy látta, hogy a Boldogságos Szűz, karján
gyermekével, vakító fénytől övezve Buda felé sietett.[7]

A babonaságok leggyakoribb formájául azonban az *astro-
logiában* való hitet találjuk.

---

[1] 589. IV. 3.
[2] 591—92. IV. 3.
[3] 651. IV. 7. 1486-i 40., 41., 42., 43., 44. és 45. tvczikkelyek.
[4] 529. III. 8.
[5] Dimitto magarum carmina, quae certum huic in Mysia cum patre mili-
tanti regnum portendebant. 532. III. 9.
[6] 486. III. 6.
[7] 744. V. 5.

Nemcsak a szokatlanabb égi tüneményekből igyekeznek az emberi sorsra következtetést vonni, hanem némelyek minden fontosabb cselekedetük előtt az ég csillagaihoz fordulnak tanácsért, buzdításért.

Napfogyatkozás jelenti előre, hogy Kis Károly uralkodása nem fog sokáig tartani.[1] Bécs elfoglalása napján is oly nagy volt a napfogyatkozás, hogy sok csillag is látható volt, és sokan előremegmondták, hogy ez szerencsétlenséget hoz Frigyesre s úgy is történt.[2]

Az *üstökösök* megjelenését szinte mindig figyelik és magyarázzák; Károly Róbert uralkodása idején üstökösök s más égi jelek hirdetik előre a nápolyi Róbertnek s fiának, Károlynak halálát,[3] majd magának Károly Róbertnek halálát,[4] hasonlóképen Nagy Lajosét.[5] Zsigmond alatt üstökös jelenti előre a milanói tyrannusnak, Giangaleazzonak halálát is.[6] (1402.) Mikor Hunyadi János meghalt, egy álló hónapig láttak egy üstököst;[7] V. László halálát szintén megjövendölik az üstökösök és egyéb égi jelek.[8]

Az önként jelentkező égi tünemények magyarázata és figyelése azonban nem elégíthette ki a közkiváncsiságot. Nagy becsületben tartják tehát az *astrologusokat,* kik minden alkalommal kiolvassák a csillagok állásából a jövendőt. — Nagy Lajos igen becsülte és gyakran használta őket, semmit sem tett a nélkül, hogy előbb a csillagokat meg ne kérdezte volna.[9]

Mátyás szintén nagy híve a csillagjóslásnak. Mindenben ellentéte nagy ellenségének, Frigyes császárnak, hanem azért: «egyforma a csillagokban való hitük; nem is tagadta egyikük sem, hogy igen hisznek bennük».[10]

Az osztrák háború előtt tehát «mielőtt seregét megindítja, megkérdezi a csillagokat és jóslatot szerez hadjáratához; úgy

---

[1] «Legitime coronatus est, eoque die, qui Nonis Decembris erat, tantus solis defectus apparuit, ut munquam nostro saeculo maior extiterit, quod ad breve tempus regnaturum esse portendit.» 339. II. 9. *Thuróczi*, IV. c. 7. (Schwandtner I. p. 210.) számos csodadolgot elbeszél, de épen a napfogyatkozást nem említi.

[2] 647. IV. 6.   [3] 351. II. 9.   [4] 352. II. 9.   [5] 378. II. 10.   [6] 409. III. 2.
[7] 517. III. 8.   [8] 526. III. 8.

[9] «Omnia literarum studia avidissine novit, ac in primis Astronomiam, qua inconsulta nihil sibi placuit auspicari.» 376. II. 10. V. ö. *Küküllei* János krónikáját, c. 39. (Schwandtner, I. p. 193.)

[10] 611. IV. 4.

látszott, hogy semmit sem tett a csillagok megvizsgáltatása nélkül».[1] Igy tesz Bécs[2] és Bécs-Ujhely ostroma előtt,[3] s számos más esetben,[4] mert «nagyon szerette az astrologusokat, s a mágusokat és a halottidézőket sem vetette meg.»[5]

* * *

Mindezen tévedések daczára is erős a vallás hatalma: megfékezi az indulatokat, irányt ad az egész életre és oly tiszta erkölcsiségre birja őseinket, hogy idegen szerzőnk a legmélyebb elismeréssel hódol előtte.

Ha Macaulayvel a katonaság erkölcsösségét állítjuk föl bármely nép erkölcsösségének mértékeül, *nemzetünk erkölcsi tisztaságáról* Bonfini elismerő adata után igen kedvező képet nyerünk. «Sohasem lehetett látni — írja — semmiféle nemzetiségű katonaságot, a mely a hideget és meleget, a fáradságot és éhséget jobban tudná tűrni, a parancsokat szivesebben teljesítené, az adott jelre szivesebben rohanna az ütközetbe, készebben kitenné magát a halálnak, s a katonai lázadást jobban megvetné, a táborban nyugodtabban és tisztességesebben élne, vallásosabban viselkednék, a lázongásoktól inkább tartózkodnék, az önuralmat és tisztaságot (castitatem) jobban megőrizné, minden káromkodástól, esküdözéstől, tisztátalanságtól jobban tartózkodnék. A lovasok nagyrésze, a kiknek családjuk van, még ha három álló esztendeig kell is egyfolytában katonáskodniok, soha sem szegik meg a házastársi hűséget. Örökös becstelenséggel bélyegzik meg azt, a kit fajtalanságon kapnak».[6] És ez nemcsak a köz-

---

[1] «Priusquam castra movet, astra consulit, ac expeditionis captat auspicia : nihil inconsultis unquam sideribus egisse visus est.» 616. IV. 5.

[2] 647. IV. 6.: «Cum igitur ab huius (1485.) anni principio haud inconsultis sideribus et auspiciis, rex Viennam obsidere coeperit, quo infesta Friderico astra esse noverat» etc.

[3] 661. IV. 8.   [4] 670. IV. 8.

[5] Astronomos ... dilexit, ne Magos quidem et Nigromantes abominatus est. 653—54. IV. 8.

[6] «Nusquam gentium milites spectare licuit, ... qui colant avidius temperantiam et castitatem, ab omni blasphemia, periurio, illegitimaque venere sunt magis alieni. Maxima pars equitum, quibus uxores sunt et liberi triennium quandoque assidero militare coacta, nunquam coniugii fidem violasse creditur.Si quis cum scorto deprehensus est, perpetua sugillatur infamia.» 666—667. IV. 8.

katonákra áll, hanem vezéreikre is: Báthori Istvánról köztudomású dolog volt, hogy örökös tisztaságra kötelezte magát.[1] A nők tiszteletbentartása mindig kiváló erénye volt a magyarnak. «A kegyetlenség minden faját rájuk költik az írók — írja szerzőnk — csak azt nem, hogy a női szemérmet megsértették volna, mert ezt békében és háborúban mindig tiszteletben tartották.»[2] Különösen az anyát, a férjes nőt tisztelték: Mátyás nagyon szivesen forgolódott a nők körül, de a férjes asszonyokban soha sem tett kárt.[3]

Minden lovagias tisztelet mellett is azonban nem szivesen tűrték, hogy nő üljön az ország trónján. Rendkívül érdekes, hogy szerzőnk szerint őseink majdnem ugyanazon szavakkal keltek ki Máriának, Nagy Lajos leányának uralma ellen, a minőket napjainkban hallhatunk a nőemancipatio ellenségeinek ajkairól. «Szerencsétlenek a magyarok, hogy nő uralkodik fölöttük, fölfordult világ az, ha a nő kerekedik a férfiú fölé; — fölforgatták a természet jogait és nincs más hátra, mint hogy a férfiak a nők helyett szőjenek és dolgozzanak, a nők pedig ezek helyett kardot kössenek és a férfiak dolgait végezzék.»[4]

Természetes ezek után, hogy a nemzet erkölcsi érzéke minden erkölcstelenség ellen fölzudul — ha kell, koronás királya ellen is. — II. Istvánt erkölcsi kihágásai nagyon rossz hirbe hozták s meggyülötették a nemzettel, az előkelő urak tehát maguk akarják megházasítani.[5] Még nagyobb a fölháborodás Kún László ellen, a ki házas ember létére követi el gyalázatos kicsapongásait. Általánosan meggyülöli a nemzet, s a pápánál tesz panaszt ellene.[6] Zsigmond neje, Borbála, Ernő osztrák herczeg szeretője,[7]

---

[1] «Perpetuam sibi castitatem indixit, ut omnium est opinio.» 665. IV. 8.

[2] «Omnia crudelitatis genera scriptores, praeter pollutam utriusque sexus pudicitiam, quam domi bellique semper coluerunt, in eos commentantur.» 181. I. 10.

[3] «Muliercularum quandoque obnoxius fuit amoribus, sed matronis abstinuit». 675. IV. 8.

[4] 388. III. 1.

[5] 277. II. 6.

[6] «Suis optimatibus usque adeo infensus est habitus, ut nihil magis quam suum regem huiusmodi turpitudini obnoxium odisse viderentur. Vitae impudititiam ad pontificem maximum detulere.» 332. II. 8.

[7] 431. III. 3.

szintén gyűlölet tárgya volt.[1] Korvin János mellőzésének fő oka
is — a saját gyengeségén kívül — főleg az volt, hogy szárma-
zását kifogásolták. Hiába kéri János váradi püspök a rendeket,
hogy «ne vegyék oly szigorúan származásának azt az igen csekély
hibáját, hogy az olaszok egyáltalán nem tagadják meg az ilyen
fejedelmeket».[2]

Az erkölcsiség tiszta képére alig esik néhány szennyfolt, de
csak igen-igen ritkán. Néha egy-egy *istenkáromlás* üti meg
fülünket, mint Salamon ajkáról, ki végső elkeseredésében ezzel
enyhít fájdalmán.[3] Majd a *kapzsiság* ellen hallunk panaszokat,
mint Corvin János párthíveinek kapzsisága ellen, «kik nem arra
törekedtek, hogy segítsék, hanem hogy maguknak szerezhessenek
valamit»[4] — és főként a papok kapzsisága ellen, hogy az egy-
házi javakat nem hasznos alapítványokra, hanem családjuk czél-
jaira fordítják,[5] híveiket zsarolják, s ezért az 1486-iki törvény
megújítja Károly Róbert törvényét a temetésekre vonatkozólag,
hogy semmiféle esperes és plébános se merészeljen a temetésekért
a törvényesnél több díjat követelni; ha ezt teszi, állásától azonnal
megfosztják.[6]

Mindezek azonban szórványos jelenségek és épen nem homá-
lyosítják el őseink erkölcsösségének rendkívül tiszta képét; úgy-
annyira, hogy szerzőnk — a katonaság erkölcsösségére vonat-
koztatva — egész leplezetlen őszinteséggel bevallja, hogy ilyent
sohasem látott Itáliában.[7]

---

[1] 503. III. 7.

[2] 679. IV. 9.

[3] «Incusato saepe Deo, quem in bello saepe iniquum habuisse quaere-
batur, ac conserta aliquantisper convitiorum dumtaxat velitatione, furor sub-
inde deserbuit.» 243. II. 3.

[4] Surripere quoque quisque contendebat, et plures surripiendi quam
iuvandi gratia conabantur». 686. IV. 9.

[5] 336. II. 10. 366. II. 10. 652. IV. 7.

[6] 562. IV. 7. 1486-ki 63. tvczikkely.

[7] «Miranda sunt profecto quae diximus, quum munquam haec in Italia
videre licuit.» 666. IV. 8.

HATODIK FEJEZET.

Pénz- és hadügy.

Pénzügy. I. Béla intézkedései. Mátyás pénzügyei. II. Ulászló pénzügyei. *Hadszervezet.* Az ősmagyaroknál, Szent László és II. Géza korában. Hunyadi János hadszervezete. Mátyás hadszervezete. Az állandó hadsereg. A bécsújhelyi csapatszemle. Mátyás mint katona és mint vezér. Tűzifegyverek. Várak. II. Ulászló hadszervezete. A magyar katona kitűnősége. A magyarság a kereszténység védője.

Reálisabb világba lépünk a magyar pénz- és hadügy rajzolásánál. Együtt tárgyaljuk őket, mert Monteccucoli hires elvét szerzőnk is gyakrabban kifejezi már, hogy a pénz a hadviselés alapja.[1]

Természetes, hogy szerzőnktől hazánk pénzügyeinek pontos és világos rajzát várnunk nem lehet. Adataiból, csekély számuk következtében, világos képet alkotnunk még Mátyás korára vonatkozólag is alig lehetséges.

Mátyás korát megelőzőleg különben csak *I. Béla* pénzügyi intézkedéséről tudósít bennünket. Béla ezüstpénzt veretett, de a byzanczi aranyat is forgalomba hozta, úgy, hogy negyven ezüst denár ért egy aranyat. Ugyanő megszabta az egyes árúczikkek értékét, könnyített az adókon, a vármegyék adóit elengedte, úgy hogy áldásos intézkedéseit általános jólét követte.[2]

Ezután századokon keresztül, Mátyás koráig, jóformán semmit sem hallunk az ország pénzügyi viszonyairól.

Mátyás jövedelmeit részben a rendes adók, részben a hazai és külföldi segélyösszegek alkotják.[3] Mikor trónra lép, egészen

---

[1] «Pecuniae bellorum nervi.» 472. III. 5. — 529. III. 8. = 728. V. 3.

[2] 231—232. II. 3. *Thuróczi,* II. 45. (Schwandtner, I. p. 113.)

[3] «Partim e regni vectigalibus, partim e statis Italorum stipendiis» ... 604. IV. 4.

üres a királyi kincstár,[1] rendszeres és szigorú eljárásával azonban oly jövedelmet teremt magának, hogy uralkodása roppant költségeinek födözésén felül fiának is tetemes vagyont hagy örökül. Az adózásnál Mátyás, ha elvben nem is, de ténylég az *általános adófizetés* kötelezettségének alapján áll. Nem elégszik meg a *székelyek* ököradójával,[2] bár ezek inkább a halált, mint az adófizetést választották volna;[3] rájuk is kiterjeszti az adófizetés kötelezettségét. A székelyeket az adónak nem súlyos volta, hanem szokatlansága lepi meg és készteti lázadásra; Vörös Benedek zsarnoknak nevezi Mátyást, hogy senkinek kiváltságait tiszteletben nem tartja.[4]

Az *egyházi vagyon* adómentességén Mátyás szintén csorbát üt,[5] a mire Vitéz lázadása volt a felelet. Mátyás, a béke kedvéért kénytelen engedni, s kénytelen visszaadni az érseknek a tőle lefoglalt bányatizedet is.[6]

A kiváltságos osztályok megadóztatására tett kisérletek tehát nem sikerülnek Mátyásnak, kénytelen tehát a rendes adózókat keményebben terhelni. Nemcsak házak-, füst szerint, hanem *lélekszám szerint* veti ki az adót,[7] és évenkint nem is egyszer, hanem *háromszor-négyszer* is behajtatja.[8]

A behajtást Mátyás nagyon *szigorúan* vette.[9] Rendesen maga jár el benne; ritkábban engedi meg másnak, mint pl. az 1471-ben a törökre küldött Gergely kalocsai érseknek, hogy a kincstári közegek és utalványozás megkerülésével közvetlenül

---

[1] 544. III. 10.

[2] 28. I. 1.

[3] 137. l. 7.

[4] 566. IV. 1.

[5] «Accesserat extraordinarii stipendii insolens impositio, quam Dicam nominant, ... et quamvis adsidua bella gravissima tributa postularent, insolens tamen vectigal nimis cuique grave videbatur. Quinetiam episcopatuum proventus usurpare coeperat.» 588—89. IV. 3.

[6] 590—91. IV. 3. «Quinetiam decimas, quas extorserat, redditurum» etc.

[7] «Non modo domesticatim, sed viritim plerumque indicebatur» (Dica). 589. IV. 3.

[8] «Ter quaterque quotannis ob ingentia diversaque bella a rege imponebantur, quas dicas vocant, quibus non modo domesticatim, sed viritim, aureum quisque nummum pendere cogebatur.» 645. IV. 6.

[9] 587. IV. 2.

behajtsa az adót valamely területen.[1] A ki azután arra meri figyelmeztetni, hogy az adó igen nagy, a behajtás kegyetlen és igazságtalan, menthetetlenül buknia kell, ha különben legjobb barátja is a nagy királynak. Ezért bukott el Vitéz János, Janus Pannonius, Péter kalocsai érsek[2] és mások többen. Ép ily szigorúan sújtja 1486-iki törvényhozása alkalmával a hamis pénzverőket.[3] Hanem még ily szigorú eljárással sem bir itthon elegendő pénzt teremteni. A török ellen való segítség fejében tehát a *pápától és Velenczétől* állandó szerződés alapján rendes évi segélyösszeget (subsidiumot) szerez,[4] 1475-ben Velenczétől és a pápától összesen 93.000 aranyat kap,[5] 1476—77-ben a subsidiuma elmarad, hogy Mátyás Frigyes ellen ne használhassa föl,[6] 1478-ban ismét tetemes összeget: 100.000 aranyat kap.[7]

Még mindez kevés néha roppant kiadásai födözésére; ilyenkor néha különös úton szerez pénzt; egy alkalommal például *koczkán nyert* pénzzel fizeti ki katonáit. Egész éjjel játszott, kitünő szerencsével, úgy hogy 10.000 aranyat nyert, s föl sem kelt addig, míg ezt az összeget a zsoldért zúgolódó katonák közt ki nem osztotta.[8]

Magánbirtokai kétségtelenül szintén nagy mértékben hozzájárultak jövedelmei fokozásához. Mikor meghalt, csupán ingó vagyonát, kincseit 400,000 aranyra becsülték.[9]

II. Ulászlóval a nyomorúság költözik a királyi palotába. Sem magánbirtoka nincs, sem ereje hozzá, hogy a jövedelemforrásokat kihasználja, a kivetett adót beszedje, kincstartóit ellenőrizze.

Mikor királylyá választják, a magyar urak a vele kötött szerződésben kikötik, hogy a pénzügyekben csak a rendekkel egyértelmüleg intézkedhetik, csak a Mátyás kora előtt szokásos és törvényes adót szedi, a subsidiumot azonban nem követelheti.[10] Azon beszédében, a melyet Bonfini ajkára ad, büszkén kijelenti, hogy tudják meg a magyarok, hogy «ő nem azért jött, hogy rendkívüli adókat vessen ki, hanem hogy az államot adósságá-

---

[1] «Datur potestas habendi delectus, accipiendi vectigalia.» 586. IV. 2.
[2] 645—46. IV. 6. [3] 651. IV. 7. [4] 603—604. IV. 3. [5] 603. IV. 3.
[6] 623. IV. 5. [7] 624. IV. 5. [8] 675—76. IV. 8. [9] 673. IV. 8.
[10] 688—89. IV. 9. V. ö. *Conditiones* Uladislai 17. §. (Corp. Jur. Hung. I. 476. l.)

tól megszabadítsa». A kérkedő engedékenységnek keserves pénz-
ügyi bukás lett a következménye.

A Mátyás szigorú végrehajtásmódjához szokott adózók
kapva-kapnak a király engedékenységén s egyáltalában nem
akarnak fizetni. Az 1493-iki országgyűlésen Ulászló párthívei a
király ellen zúgolódókat azzal igyekeznek megczáfolni, hogy a
hanyag adófizetés az oka a király tehetetlenségének.[1] Ujlaki
Lőrincz legyilkoltatja Ulászló adószedőit,[2] s a királynak nincs
módjában, hogy alattvalóját megfékezze.

Az országgyűlés panaszkodik, hogy sokat kell fizetni,[3] a
király panaszkodik, hogy semmit sem kap.[4] Uralkodása három
első évében csak 40,000 aranyat, a rákövetkező három évben
csak 20,000 aranyat vesz be, a miért keservesen panaszkodik az
1493-iki [5] és az 1496-iki országgyűlésen.[6] A rendek erősködnek
az 1496-iki gyűlésen, hogy nem 60,000, hanem 800,000 aranyat
fizettek már neki adóban s mivel a király egyre megmarad előbbi
állítása mellett — a kincstár kezelői ellen fordul az országgyűlés
gyanúja és haragja, Zsigmond kincstartót 400,000 forint meg-
térítésére, segédét, Dombay Imrét pedig börtönre itélik.[7]

A pénzügyi rendezettség, illetőleg rendetlenség teszi már
most előttünk érthetővé Mátyás kiváló hadi sikereit s Ulászló
tehetetlenségét.

* * *

Szerzőnk a magyar *hadszervezet* fejlődését és állását mind-
végig érdeklődő figyelemmel kiséri, a nélkül azonban, hogy
classicus reminiscentiákkal telt nyelvezetével egészen világos
képét tudná adni.

Az *ősmagyar hadszervezet* lényege, hogy minden törzs a
saját vezére alatt harczol, de van egy fővezér, ki a támadásban
a sereg előtt, visszavonuláskor pedig utána megy.[8] A .tábort
szekérsáncz veszi körül, a mi később is megmaradt.[9] Harczi

---

[1] «Quid in tantis eum difficultatibus, reique nummariae angustiis per-
ficere posse, cum nec tributa, nec vectigalia imposita persolverentur, sed in
privatum usum verteretur.» 727. IV. 3.
[2] 735. V. 4.   [3] 726. IV. 4. és 749. V. 5.   [4] U. o.   [5] 728. IV. 4.
[6] 749. V. 5.   [7] 749—750. V. 5.   [8] 162. I. 9.
[9] «Attila in carrorum septa se recepit, eaque scutatis in valli munitissimi

jelvény — szerzőnk szerint Géza vajda koráig — a *turulmadár*, koronával.[1] Szent László azonban már vörös zászlókat vitet táborában,[2] a franczia lovagok szokása után.

Szent László korában különben már fejlettebb hadszervezetet látunk egységes vezérlete alatt. Van már különbség a könnyű és a nehéz lovasság között; a kún becsapások alkalmával «a könnyű lovasságot előre küldi, maga pedig éjjel-nappal vágtatott a nehéz lovassággal» a rabló kún seregek után.[3] *II. Gézánál* a haladás félreismerhetetlen. Az osztrák határgróf ellen vívott ütközetében seregét a következőleg rendezi el: Elől, mindkét szárnyon a könnyűfegyverzetű székelyek és bessenyők állanak, hogy az első rohammal az ellenség sorait megzavarják. Mögöttük mindkét szárnyon a nehézfegyverzetű lovasság, középen szintén a nehézfegyverzetű lovasok sűrű tömege foglal helyet, jobbról-balról két-két sor gyalogostól erősítve. Hátul erős tartalékcsapatok állanak,[4] a melyeket II. István még nem alkalmazott s görög harczaiban ép azért vesztett csatát.[5]

A szépen fejlődő királyi sereg azonban az Árpádok végső évtizedeiben elkallódik s a megyék területeivel együtt az egyes főurak kezére jut. *Csák Máté* 1700 nehézfegyverzetű lovast és nagyszámú gyalogságot tud csak úgy hirtelenében összeszedni, vele szemben királya, *Károly Róbert* kénytelen részben a parasztokból toborozni seregét, részben a rhodusi lovagokra támaszkodni.[6] A királyi sereg föléledését szerzőnknél többé nem is látjuk; Károly Róbert, Nagy Lajos és Zsigmond intézkedéseit, a melylyel a hűbéri alapon álló ·banderiális hadszervezetet megalkotják, szerzőnk nem említi.

---

speciem circumsepsit, quod tempestate quoque nostra Ungari factitant.» 68. I. 4.

[1] «In vexillis coronatam ferebant aquilam, quae quidem insignia ad Geisae usque ducis tempora Ungari conservarunt.» 53. I. 3.

[2] «Citato in hostem equo fertur, rubraque simul vexilla inferre jubet.» 256. II. 4.

[3] «*Celerem* praemittit equitatum, cum *cataphractis* ipse die noctuque subsequitur.» 256. II. 4.

[4] 288. II. 6.

[5] «Cum triariorum supplemento carerent» etc. 279. II. 6.

[6] 344. II. 9.

Annál világosabban rajzolja azután *Hunyadi János* csatarendjét és taktikáját. Hunyadi *rendkívül tagolt* csatarendet használ. Vaskapunál például seregét a következőképen állítja föl: Elől, mindkét szárnyon a zászlók körül kisebb hadtestek, mögöttük mindkét szárnyon két-két' csapat nehézfegyverzetű lovasság. A középen három kis csapat nehézfegyverzetű s mindkét oldalon egy-egy nagyobb csapat pánczélos lovasság. Egészen hátul, a középen állanak a lándzsások és nyilasok sorai, végül leghátul hatalmas segédcsapatok. A kép tehát a következő:

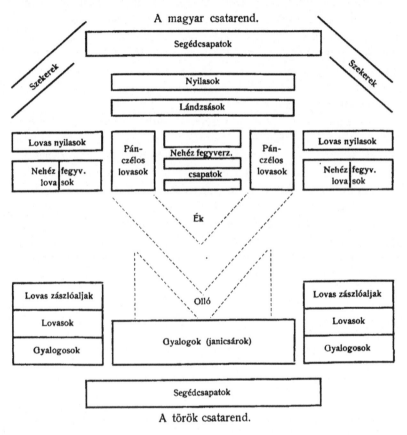

A magyar csatarend.

A török csatarend.

Hunyadi támadásában az a fő, hogy a jobb- és balközépen elhelyezett lovasság *ékké* tömörülve átszakítsa a janicsárok tago-

zatlan nagy tömegét,¹ s a megszakított török sereg egyes részeit
a mágyar jobb és balszárny lovassága vegye ostrom alá.²
Jellemző Hunyadira, hogy a csapattestek gyors *mozgékony-
ságára* helyezi a fősúlyt³ a török csatarenddel szemben, a mely
a sűrű tömegben tömörült sorok helytállására alapítja az ütközet
sikerét. Hunyadi a várakkal alig törődik; kerül mindent, a mi a
szabad mozgást gátolhatná, úgy hogy Várnánál még a szekér-
sánczot sem alkalmazza táboránál, hogy a szabad mozgást és
élelmezést ne gátolja.⁴
Hunyadi serege tagozottságának különben meg van a maga
magyarázata. Nemcsak hadvezéri lángelméje tervezte azt úgy,
hanem a körülmények kényszerítő ereje parancsolta. Olyan egy-
ségesen képzett, egységesen fölszerelt gyalogságot, mint a jani-
csárság, olyan lovasságot, mint a szpáhik hatalmas serege, Hunyadi
nem talált, szerveznie sem volt módjában. Szinte minden háborúja
előtt új csapatokat kell szerveznie, a megyei csapatok egy-egy
töredékéből, magyar és külföldi zsoldosokból, a székelyekből s
más különféle elemekből, melyek mindegyike a maga sajátos,
semmiképen sem egységes fegyverzetével, harczmódjával, fegyel-
mével tud csak érvényesülni.⁵ Néha még ily sereget sem bír
teremteni, ilyenkor — pl. Giskra ellen — kénytelen szedett-
vedett parasztkatonaságot toborozni zászlai alá.⁶
A hadvezéri lángész valóságos csodája, hogy Hunyadi ily
csapatokkal oly nagyszerű győzelmeket tudott kierőszakolni. Ha
rendes sereget tudott toborozni, pánczélos lovasainak *fegyverzete*
dsida, hosszú lándsa, hosszú háromélű tőr, kard volt,⁷ de gyak-

---

¹ «Primam aciem in cuneum redigit, quo facilius hostes dividat, contra
illi forfices obsendunt.» 469. III. 5. (L. az ábrán a pontozott vonalakat.)
² 469. III. 5. — Továbbá 455. III. 4. 457. III. 5. 495. III. 7.
³ «Sicut Caesar, audacia et celeritate deterrendum semper hostem esse
arbitrabatur». 492. III. 7,
⁴ 487. III. 6.
⁵ «Ipse (Corvinus) quoque delectum habet, tres circiter legiones cogit,
in cataphracto spem omnem ponit equitatu, nec parum quidem provinciali-
bus, et praecipue Scytulis confidit.» 466. III. 5.
⁶ «Evocato undique gregario milite rusticaque turba.» 501. Ill. 7.
⁷ «Duris cataphractorum contis et sarissis, item oblongis trifidisque
gladiis, haud secus ac inermes armatis obiecti, necquiquam obstabant» (a törö-
kök). 459. III. 5.

ran, még nagy, döntő ütközetekben is, seregének nagy része
nagyon szegényesen volt fölszerelve. Nándorfehérvárnál «az volt a
sereg baja, hogy inkább csak lelkileg, mint testileg voltak föl-
fegyverkezve. A legtöbbnek egy szál kardja és lándzsája volt,
kevés fedhette magát sisakkal s pánczéllal».[1]

Mátyás király volt az első, ki a csehek és törökök kiváló
állandó seregeivel szemben szintén *állandó hadsereget* állít
szembe. A kezdet nehézségével azonban erősen meg kell küzdenie.
Eleinte maga is háborúról-háborúra külön új sereget kénytelen
szervezni; mint koronázása után a török háborúra, a mikor a
moldvai püspök vezetése alatt a keresztes vitézek segédcsapatai
is hozzá csatlakoznak.[2] Cseh háborúja elején Frigyes ezer lovast
küld számára, ő azonban nem tudja beilleszteni őket a maga
csatarendjébe s ezért, mint használhatatlanokat, visszaküldi őket
és inkább pénzbeli segítséget kér. Maguk a németek is szivesebb-
ben veszik ezt; Frigyes szerződésileg igér is pénzt, de soha nem
fizet.[3] Majd mikor a török Szabács várát építi, Mátyás Gábor
kalocsai érseket küldi ellene; fölhatalmazza, hogy sereget s
költségeire adót szedhessen és irat a nádornak is, hogy
csapataival kövesse az érseket.[4]

Az állandó hadsereg tehát még nem valósult meg, de év-
tizedek szorgalmas tevékenysége megteremtette.

Állandó serege közigazgatási és magasabb harczászati szem-
pontból általában *három hadtestre oszlott :* a magyar, cseh-morva
és rácz katonákra.[5] Szervezettség, fegyelem dolgában párját rit-
kította. Szerzőnk 1487-ben tanúja volt annak a csapatszemlének,
melyet Mátyás Bécsújhely alatt tartott s a legnagyobb meglepe-

---

[1] «Unum his oberat, quod animo potius quam corpore armati erant.
Gladiis tantum et lanceis obnitebantur, pauci se galea et thorace protexerant.»
514. III. 8.
[2] 653. IV. 1.
[3] 582. IV. 2.
[4] 583. IV. 2.
[5] «Triplex in eo bello illi fuit exercitus ; primus Ungarorum, Boemorum
alter, tertius Ratianorum, qui totus in vexillationes et velites digestus erat.»
568. IV. 7. V. ö. *Hazay* Samu : Védőalkotmány, haderő és harczászat Mátyás
alatt. Hadtörténelmi Közlemények. ÍÍÍ. 1890. 214. l.

téssel írja le a látottakat. «Bécsújhely előtt, egy igen tágas mezőn egész seregét elővezette és csatarendbe állította, a minek láttára mindaz eszembe jutott, a mit valaha a régiek harczászatáról olvastam. — Itt nemcsak igen bölcs királynak, igen hatalmas fejedelemnek, hanem egyúttal a legtökéletesebb képzettségű hadvezérnek is mutatkozott. Lovasságát csak négy csapatra osztotta, a gyalogosokat és a könnyűfegyverzetű lovasságot csak a két szárnyra rendelte, hogy a tömeget könnyebben lehessen vezényelni és minden zavart el lehessen kerülni.

A sereg, a mely a táborból a síkságra vonult, hogy a noricumi hegyszorosok és hágók elfoglalására induljon, 8,000 gyalogosból és 20,000 lovasból állott (a szolgák, lovászok és markotányosok leszámításával) s mintegy 9,000 kocsi tartozott hozzája.

A király minden egyes csapatot személyesen rendezett el és a hadi jutalmakat is, érdem szerint, maga osztotta ki.

Minden egyes csapatnak meg volt a maga zászlaja; ezeken mindenekelőtt a keresztény vallásnak, azután a Hunyadi-háznak, a győzhetetlen magyar nemzetnek, végül a Dalmát- és Csehkirályságnak és a két Ausztriának czímerei voltak láthatók. A lovastiszteknek és vitézeknek sem hiányoztak zászlaik, sőt fejenként minden lovas egy-egy zászlócskát hordott lándsájára tűzve, a mi a katonaságot nagyon díszítette.

Mihelyt a csapatok elé lépett, mindenekelőtt csendet parancsolt, a mit nemcsak a katonák, hanem a lovak is tisztelettel megtartottak. Előre vitték a középre az első csapat zászlaját és azt ünnepélyes szertartások közt, szigorú oktatás mellett sajátkezüleg átadta a legkiválóbb öreg katonának. Nem minden csodálkozás nélkül láttam, hogy ennek nincsen sarkantyúja és pedig, úgy gondolom, azért nem, hogy az ütközet zavarában lovát megsarkantyúzva meg ne szaladjon és futásával a többieket meg ne zavarja. Majd azután tizenkét kardot, ugyanannyi csákányt és buzogányt osztott ki az érdemesek között.

Erre a zászlók elé állította rendben a csapatokat, melyek mindegyike 25 lovasból állott, hogy a lovasok száma egyenlő legyen a csapatok számával. Azután mintegy 80 emberből álló csapat állott a zászló elé s ugyanannyi ment utána. A többi csapatokat szintén így rendezte el.

A rendet minden egyes ember úgy megtartotta, hogy ha

csak egy újjnyira lépett volna ki a sorból, rettegnie kellett volna a rendkívül figyelmes vezér haragjától. Oly nagy fegyelem, félelmes tisztelet uralkodott mindenütt, a hadvezér iránt való szeretettel együtt, hogy a parancsot mindenki azonnal teljesítette és életét sem kimélte egy cseppet sem, csakhogy vezérének engedelmeskedhessék. Mindenütt oly nagy csend van, hogy a vezér hangján kívül nemcsak hogy semmiféle emberi hangot, hanem még lónyerítést sem lehet hallani.

Azután minden egyes sereg, a mint előbbre vonult, a fővezér előtt adott jelre csatározott és majd ék, majd köralakba, három vagy négyszögbe, vagy olló és fürész alakba fejlődött. Mikor azután, a nélkül, hogy valaki helyét odahagyta volna, a legnagyobb ügyességgel és pontossággal eleget gyakorlatoztak, hogy Beatrixnak világosabban megmutathassa, hogyan harczolnak teljes csatarendben, hirtelen valamennyi csapatát összegyülekeztette. Minden hadtestben két igen erős, nehézfegyverzetű lovasokból álló csapatot helyezett el, csapatonkint fölállította őket és még két másik csapatot rendelt közéjük s ezek közt állította föl a gyalogosokat. Ez utóbbiak közül az első sorban a nehézfegyverzetű gyalogosok állottak, mögöttük a lándsások, a nyilasok és könnyűfegyverzetű gyalogosok rendben. A harmadik harczvonalban a tartalékosok őrködtek és a hátulsó zászlókat védték. Továbbá a harczvonal mindkét végén a könnyű lovasokból alkotott két szárnyat; ezek sorban teljesítettek szolgálatot és oly gyorsan jártak, mintha csak madarakon nyargaltak volna.

Én pedig Beatrix kiséretében voltam s midőn a fölállított hadsereget szemléltem, a mint két szárnya már majdnem összeütközött egymással, bámulat fogott el, mert egy valóságos skorpió alakját mutatta.

Azután mikor Beatrix már megelégelte a látványt, minden sereg elkezdett rendben elvonulni. Egyúttal oldalt a szekereket is hajtották, a melyekkel a magyarok, Mátyás rendeletéből, nemcsak táborukat erősítik sánczok és árkok helyett, hanem az ütközetben is használják őket s velük szokták bekeríteni az ellenséget.»[1]

Majd tovább folytatva, a legnagyobb bámulattal festi szer-

---

[1] 665—667. IV. 8. V. ö. *Bárczay* Oszkár: A hadügy fejlődése. Budapest, 1895. II. 520—522. ll.

zőnk a magyar *katonaság fegyelmezettségét*, rendszeretetét, erkölcsi tisztaságát, a mit a katonaság erkölcsösségét tárgyalva, már fölemlítettünk. Mátyásnak tényleg nagy gondja van rá, hogy a katonaság erkölcsi kicsapongásait, zsákmánylásait megakadályozza s az 1486-iki törvényhozás idején e tekintetben is szigorú törvényeket alkot. Kötelességévé teszi minden katonának, hogy élelemért, szénáért mindig kellően megfizessenek; ha rabolnak, a megye bírái büntetik őket. Ha menetelés közben a rendes királyi sereg emberei közül rabol valaki valamit, a kapitány felelős érte; ez tartozik kártérítéssel, ha embereinek ilyesmit elnéz. Senkinek sem szabad a szabadságolás kihirdetése után a táborban, más földjén maradnia; ez esetben ismét a kapitányra hárul a felelősség terhe.[1]

Maga Mátyás igazi *nyilt lovag*. Podjebrad egyszer azt az óhaját fejezi ki, bárcsak megvívhatna vele valami félreeső helyen, négyszem között. «Nem vagyok paraszt — feleli rá Mátyás — a ki szük odujában gabonát csépel, hanem királyhoz méltó ellenfél. Vívjunk tehát nyilt mezőn, fejedelmekhez ez illik.»[2]

Személyes bátorságának jeleként többször személyesen részt vesz az ütközetekben, gyakran meg is sebesül.[3] Katonáival keményen, de jószivűen bánik; sorra járja sebesült katonáinak sátrait, odahordja hozzájuk ételeiket, maga eteti az elgyengülteket, buzdítja őket, szedjék össze magukat, bátorítja a kétségbeesőket s gyakran maga kötözi be a csata hevében is sebeiket.[4] Mint *hadvezér*, valódi lángész. Haditerve megállapításánál minden körülményt számba vesz; lehetőleg idegen területre teszi át a csaták szinterét, hogy ne az ország lakossága legyen kénytelen élelmezni a seregeket.[5] 1476-ban télre halasztja a török megtámadását, tekintettel arra, hogy a Duna jegén könnyebb az átkelés, a várak könnyebben támadhatók és a borivó magyar legénység jobban bírja a hideget, mint a bornemissza török.[6]

---

[1] 650—651. IV. 7. 1486-iki 30., 31., 60., 61. törvényczikkelyek.
[2] 580. IV. 2.
[3] 576. IV. 2. 572. IV. 1.
[4] 653. IV. 7.
[5] «Domi hostem expectare non decernit (1474), ne suis alere sumptibus adigatur.» 594. IV. 3.
[6] «Facilius hyeme, quam aestate sperabat (a török várak bevételét), cum

A hadvezér lángeszén, a sereg fegyelmezettségén kívül még egy körülmény magyarázza Mátyás hadi sikereit: fölhasználja a hadi technikának akkor még új vívmányait, a *tűzifegyvereket.* Mindjárt uralkodása első éveiben használja őket a cseh rablóvárak ostrománál (1460.),[1] később látjuk Szabács ostrománál (1476.);[2] azontúl már rendes kiegészítő része seregének a tüzérség. 1485-ben Haimburg ostromára Budáról ágyukat vitet, köztük egyik oly nagy volt, hogy 80 ló alig bírja oda vinni egy vasas szekéren; ez azután használ, de az ostrom rengeteg pénzbe: 200.000 aranyba kerül.[3]

Ép a tűzifegyverek képesítik Mátyást arra, a mire atyja nem igen volt képes: a *várostromra.* Szerzőnk leírása, melyben a hunok várostromló módját festi,[4] a bizonyítéka, mily primitiv az tűzifegyverek nélkül. De épen ezért a várak az ország fő védelmi pontjai s fontosságukhoz képest szerzőnk is gyakran említi meg őket.[5]

* * *

A Mátyás által kijelölt úton, csak Mátyás szellemében lehetett volna tovább fejleszteni az állandó magyar hadsereget. De ehhez mindenekfölött Mátyás rendezett pénzügyi gazdálkodására és erélyére lett volna szükség. *Ulászlóban* mindkettő hiányzott. Ismerjük szerencsétlen pénzügyeit, hadügyeinek rendetlensége ezek után nem lephet meg bennünket.

ob difficile Turcorum auxilium, tum quia ex glacie stante Danubio, ea facilius capi posset. Accedit saevitia frigoris, quam prae vino et crapula facilius Ungarus, quam Turcus abstemius et hydropotes perpeti solet.» 606. IV. 4.

[1] «Ipsi quoque (a csehek) lanceis, sagittis, sulphureisque missilibus petiti, haud impune saeviunt.» 522. III. 10.

[2] 587. IV. 2.

[3] 642—643. IV. 6.

[4] 87. I. 5.

[5] Nevezetesebb várak: Komárom (6. I. 1. 656. IV. 7.), Fehérvár (24. I. 1. 328. II. 8.), Visegrád (26. I. 1.), Tata (26. I. 1.), Aba-Újvár (223. II. 2.), Mosony (234. II. 3.), Vasvár (272. II. 5.), Nagy-Várad (325. II. 8.), Esztergom (327. II. 8.), Pannonhalma, mely Székes-Fehérvárral s Esztergommal együtt a tatártámadásnak is ellenáll (328. II. 8.), Pozsega (398. III. 2.), Hunyadvára (449. III. 4.), Belgrád (512. III. 8.), Temesvár (520. III. 8.), Győr (703. V. 1.) és Kassa (703. V. 1.).

PÉNZ- ÉS HADÜGY. 161

A pénzügyi bukásnak első sorban Mátyás büszkesége: a
fekete sereg [1] esik áldozatául. A rendek az Ulászlóval kötött válasz-
tási föltételek között kikötik, hogy Ulászló tartsa fönn és fizesse
továbbra is.[2] Ulászló egy ideig használja is őket,[3] de zsoldjukat
nem fizeti. Kénytelenek tehát rabolni, fosztogatni, hogy életüket
tengethessék; de az éhség és betegség egyre pusztít köztük [4] s
végül Kinizsi, hogy az országot zsarolásuktól és pusztításuktól
megszabadítsa, szétveri őket.[5]

Az állandó sereg bukásán kívül a többi csapatok erejét is
megbénítja a fizetés, fegyverzet és élelem hiánya. A horvát bán,
Derencsényi Imre, 1493-ban nem mer szembeszállani 9000 török-
kel; van ugyan 6000 embere, de ezek közt csak 500 a fölszerelt
lovas, a többi szedett-vedett paraszt. Köztük csak néhánynak van
kardja, a legtöbb egyszerűen csak buzogánynyal, fahusánggal,
vagy íjjal van fölszerelve.[6]

A nemzet maga érzi a veszedelmet, mely a török részéről
fenyegeti s melylyel szemben az ország teljesen védtelen. Az
ösztönszerű félelem hatása alatt Ulászló fölhivására a férfiak vala-
mennyien hadba szállanak, még papok, szerzetesek is nagy szám-
mal; az asszony, gyermek és öreg pedig otthon imádkozik a
győzelemért. Az általános fölbuzdulás alapján Ulászló reméli,
hogy két hónap alatt képes lesz 60.000 embert fegyverre gyüj-
teni: egy harmadát Magyarországból, a másikat Erdélyből, Mold-
vából és Havasalföldről, a harmadikat Ausztriából és Cseh-
országból.[7]

A magyar, jó vezér kezében, mindig *kitünő katonának*
bizonyult; hazánk e tekintetben Nyugot első országa.[8] Volt a
magyar katonában valami abból a *fanatismusból,* a mely a
mohamedán katonát vallása terjesztésére ösztönözte; a magyart
a kereszténység védelmére buzdítja az a meggyőződése, a mit
Báthori fejezett ki a kenyérmezei csata előtt mondott buzdító
beszédében, hogy egy csepp vér Krisztusért többet ér, mint

---

[1] 685. IV. 9.
[2] 689. IV. 9. *Conditiones* Uladislai (1490.) 19. §. (Corp. Jur. Hung.
I. 478. l.)
[3] 704. V. 1   [4] 711. V. 1.   [5] 722—24. V. 3.   [6] 725. V. 3.   [7] 721—22.V.3.
[8] «Regnum ... militum robore ac bellicae rei experientia validissimum.»
690. IV. 9. = 666/67. IV. 8.

Antonio Bonfini.   11

bármily hosszú erényes élet,[1] pedig ismerjük már épen Báthori erényeit.[2] Ez a szent meggyőződés avatja a *magyarságot a kereszténység védőjévé* Kelet barbárai ellen. «Azért helyezte Isten a kemény szittya nemzetet a keresztény köztársaság határszéleire, hogy az igaz hitre térjen s ezt minden hitetlenséggel szemben a leghatározottabban védelmezze.»[3] Ez volt a meggyőződés őseink hivatását illetőleg nálunk is, külföldön is. Az egész keresztény világ figyeli hazánk harczait a törökkel, örül diadalainkon, kesereg veszteségeinken, megsiratják a hős Hunyadit, a kit a keresztény világ legnagyobb hősének nevezett el a pápa.[4] Mátyás a pogány török és az eretnek cseh ellen vívott harczait szintén a kereszténység védelmének tekintik és Mátyás «a keresztény hit oltalmazója és a hit védője» nevét érdemli ki magának [5] s Jaicza elfoglalása után a pápa, Velencze s a keresztény fejedelmek méltónak tartják rá, hogy reá bízzák a török ellen indítandó egyetemes keresztes had fővezérletét.[6] Őseink, «a szent hit oltalmazói, a vallás bajnokai, Krisztus vallásának védelmezői és a hívő nemzetek megmentői»,[7] csakugyan meg is feleltek a Gondviselés kitüzte föladatuknak. Ha Nyugot kulturáját tovább nem fejleszthették is, megvédték Kelet pogányaitól és így, mint a keresztény művelődés védelmezői, valóban nagy művelődéstörténelmi föladatot oldottak meg.

[1] 636. IV. 6.
[2] 665. IV. 8.
[3] «Idcirco Deus asperrimam Scytharum prolem in his Christianae reipublicae finibus collocarit, ut vera imbuti religione, orthodoxam fidem ab omni infidelitate obstinatissime tueantur,» 199. II. 1. = 202. II. 1. = 190. I. 10. = 463. III. 5. = 623—24. IV. 5. = 692. IV. 10.
[4] «Christianae reipublicae propugnator maximus.» 517. III. 8. = 460. III. 5. = 454. III. 4. = 471. III. 5.
[5] «Vindex Christiani nominis et fidei propugnator.» 620. IV. 5.
[6] 560. III. 10.
[7] «Vindices sanctae fidei propugnatores religionis, ultores Christi, et gentium fidelium liberatores.» 483. III. 6.

NÉVMUTATÓ.

A

B

C

D

11*

CPSIA information can be obtained
at www.ICGtesting.com
Printed in the USA
BVOW04*1944051216

469844BV00007B/13/P

9 781167 790270